人人都是股权架构师

王吉 著

中华工商联合出版社

图书在版编目(CIP)数据

人人都是股权架构师 / 王吉著. -- 北京：中华工商联合出版社，2021.11
ISBN 978-7-5158-3223-4

Ⅰ.①人… Ⅱ.①王… Ⅲ.①股权管理 Ⅳ.①F271.2

中国版本图书馆CIP数据核字（2021）第 222326 号

人人都是股权架构师

作　　者：王　吉
出 品 人：李　梁
责任编辑：胡小英
装帧设计：回归线视觉传达
责任审读：李　征
责任印制：迈致红
出版发行：中华工商联合出版社有限责任公司
印　　刷：香河县宏润印刷有限公司
版　　次：2022 年 1 月第 1 版
印　　次：2022 年 1 月第 1 次印刷
开　　本：710mm×1000mm　1/16
字　　数：160 千字
印　　张：14
书　　号：ISBN 978—7—5158—3223—4
定　　价：58.00 元

服务热线：010—58301130—0（前台）
销售热线：010—58302977（网店部）
　　　　　010—58302166（门店部）
　　　　　010—58302837（馆配部、新媒体部）
　　　　　010—58302813（团购部）
地址邮编：北京市西城区西环广场 A 座
　　　　　19—20 层，100044
　　　　　http://www.chgslcbs.cn
投稿热线：010—58302907（总编室）
投稿邮箱：1621239583@qq.com

工商联版图书
版权所有　侵权必究

凡本社图书出现印装质量问题，请与印务部联系。
联系电话：010—58302915

前 言

股权思维——资本时代的存亡之道

企业经营需要战略性思维，但我们往往在思考时是高大上的，在落实中却是假大空的。很多企业管理者根本不清楚何为战略，却一直在强调着战略。而战略不是一直强调就会实现的，也不会在懵懂中自我养成。

在战术层面，经营企业依靠的是出售产品或服务以获取收益；而在战略层面，运营企业依靠的是通过资本运作成倍放大企业经营的收益。资本运作的核心在于股权，通过资本运作实现资本的快速裂变从而进行价值再造的思维就是股权思维。股权思维是一种颠覆传统经营管理模式的思维，它是资本时代的存亡之道。

为什么要将股权思维和资本时代的存亡之道相关联？来看看未来社会股权可能会对你产生的影响：你创业，需要与人合作并对人进行管理，为此必须设计好股权分配方案；你就业，可能会成为激励对象，涉及激励股权或者持有公司期权；你投资，一定希望参与到股权架构最优秀的企业中。一个人在社会上打拼仿佛有多种路径可供选择，但归纳之后无非有三种——创业成为老板、打工辅助老板、投资成就老板。

在资本时代，人们跟股权不期而遇的情况将越来越多。虽然未来社会不可能人人都持有股权，但你却可能在具备股权思维后借助股权之力成就更强大的自己。未来社会不会强迫你具备股权思维，却会迫使你在跟不上时代脚步的情况下自行淘汰。

天使投资人徐小平曾说："创业的基础其实就是两个，一个是团队，一个是股权结构。人生最悲哀的事情是，年轻时不懂爱情，创业时不懂股权。股份结构不合理，这个企业一定做不成。"

不管是做投资还是做实业，成功的人总是极少的。其根本原因在于多数人只顾埋头赶路，却不知抬头看天。于是越走越迷茫，自己和企业最终将走向何方，已经全然无知了。在这种情况下，还怎么可能取得成功？因此，我一直强调我们要抬起头，认真看清社会发展的大趋势，看清哪些是时代要求我们必须掌握的，就去攻克它们。带着最强大的方向感再上路，你会发现原本很难突破的困局竟然可以轻松破解。

资本时代的创业者，第一眼看到的就应该是股权。有人说，创业者利用股权，对内可以激励员工，对外可以实现融资。但这并不是创业者利用股权的终极目的，创业者利用股权的终极目的应该是：对内要在激励员工的同时实现财富增长，对外要在获取投资的同时保障创始人对企业的掌控。

京东的第一大股东是腾讯，刘强东只占股15.1%，但掌握着78.4%的投票权，因此对京东拥有绝对控制权。京东经过多轮融资且上市后，刘强东还能牢牢控制公司，不但未被资本架空，反而强势绑架了资本，他是怎样做到的呢？

刘强东对公司股份和公司章程都做了完善和规定。在公司股权架构方面，他采用同股不同权——即AB股结构的股权模式，刘强东等管理层是

1股对应20个表决权，投资人是1股对应1个表决权数，而且部分高管还委托刘强东行使表决权。在公司章程方面，其中一项"霸王条款"是刘强东不能出席的情况下，不能召开正式的董事会。

这样一来，京东无论如何都绕不开刘强东的控制。刘强东就是利用了股权思维来指导京东的股权设计。股权思维让我们明白：企业以追求利润为终极目标的思维往往会让企业走入死胡同，而企业价值的提升在创造更高的收益方面发挥着越来越重要的作用。

企业是由某个人或某个团队创立的，但一定不是永远属于某个人或某个团队的企业，而是面向更多人才的企业、面向未来市场的企业，面向全新时代的企业。如果创业者将企业定位成自己的，企业就会越做越小；如果将企业定位成未来的，企业就会越做越大。

企业将股份分配出去，会激励更多的人为企业创造更大的价值，股份升值则企业升值，企业升值则个人升值。想一想，在一家估值100万的企业做持股100%的负责人，和在一家估值100亿的企业做持股1%的实际控制者，哪个利益更大呢？

创业者必须运用股权思维去经营企业，对内激励人才，对外获得融资，引爆内部员工和外部资源的同时，让企业获取更大收益，让自己实现更大价值。具备和运用股权思维是普通创业者实现鲤鱼跃龙门的最好路径，有人有钱，创业就成功了一大半。

目 录

上部　股权布局

第一章　股权架构的设计要点 / 3

　　目标是设计的导向 / 4

　　常规类型是设计的依据 / 6

　　员工股权激励是设计的长期需要 / 9

第二章　动态股权分配的逐层扫描 / 13

　　阻碍企业发展的股权分配模式 / 14

　　了解股权结构的生命线 / 20

　　股权比例计算方法与估值浮动 / 24

　　事先预估与定期评估 / 26

　　融资前的股权结构 / 28

　　融资后的股权结构 / 31

第三章　预留股权的双重机制 / 35

　　设立动态股权池 / 36

　　股权成熟模式 / 38

第四章　影响股权权益的异常情况 / 41

股东出资有瑕疵 / 42

股东抽逃出资 / 45

控股股东做黑账 / 47

股东之间矛盾无法调和 / 49

过早稀释大量股权 / 51

股东私自转让股权 / 53

夫妻一方转移和隐匿财产 / 55

大股东意外身故 / 58

中部　股权激励

第五章　股权激励的刚性模式 / 63

期股：先得股权，多转少补 / 64

股票期权：先有收益，再投资购股 / 66

业绩股票：绩效制股份激励计划 / 68

延迟支付：将薪酬兑换为股票 / 70

干股：享受"终身制"分红权 / 72

虚拟股票：分离所有权与收益权 / 74

股票增值权：模拟股票认购权的方式获得 / 77

账面价值增值权：以每股净资产作为参照 / 79

限制性股票计划：加上"禁售"和"解锁"条件 / 81

第六章　股权授予的弹性方案 / 85

面向核心高管的"阶梯模式" / 86

适配中层骨干的"五步连环" / 88

安抚昔日功臣的"降落伞" / 91

助力未来之星的"继承制" / 94

倾向普通员工的"组合式" / 96

开放股权，连接上游供给企业 / 98

融合股权，串联下游利益群体 / 100

第七章　股权分配的九项原则 / 103

明确股权激励的目标 / 104

确定股票与资金的来源 / 108

严格筛选激励的对象 / 110

切实选择激励类型 / 114

做到合理定价 / 116

算好用于激励的股票总量与个量 / 120

充分了解须满足的企业条件与个人条件 / 126

确认各环节的时间 / 128

设定平稳的退出机制 / 132

下部 股权控制权

第八章 股权控制权稳固的关键问题 / 139

公司章程与股东出资协议的关系 / 140

同股同权与同股不同权 / 141

股东是否有权撤资 / 146

股权代持后隐名股东的权益维护 / 148

第九章 用小股权控制企业的N种设计 / 153

一致行动人模式 / 154

委托投票权模式 / 158

双层企业架构模式 / 160

工会持股模式 / 162

AB股模式 / 167

优先股模式 / 170

持股平台模式 / 174

第十章 股权控制的底层支撑 / 179

股东会和股东大会的职责与运作机制 / 180

董事会和执行董事的职责与运作机制 / 182

监事会的职责与运作机制 / 184

经理和总经理的职责与运作机制 / 187

第十一章　股权大战的场景演绎 / 191

　　增资扩股与股权对外转让的差异 / 192

　　股权协议的关键条款 / 195

　　上市企业股东间的权利规定 / 198

　　小股东用公司章程否决股东会决议 / 201

　　一票否决权该如何运用 / 203

结　语 / 210

上部　股权布局

第一章
股权架构的设计要点

股权架构需要精心谨慎的设计，既要符合企业的现状，也要符合企业发展的需要，最重要的是符合人的心理预期。一份能够充分发挥效力的股权架构设计方案，在设计上一定要满足四个要点——目标明确、类型正确、保障控制权、满足激励。

目标是设计的导向

股权架构是企业所有架构的顶层设计，股权架构的设计关系到企业的未来发展。

优秀的股权架构不仅能够明晰股东的权力、责任和利益，避免出现股权争议，还能最大限度地调动股东的积极性，最大限度地激发股东对企业的认可度。

优秀的股权架构不仅能够起到稳定项目和扩展业务的作用，还能保证创业团队对企业的控制权，最终促进企业顺利进入资本市场。

所以，企业在进行股权架构设计之前，必须明白股权架构设计是一个复杂工程，不是简单地依靠一些模板就能实现的。良性的、优质的、经得起考验的股权架构往往是股东之间相互博弈的结果。"在战争中学习战争"可以看作对股权战争的概括。学习战争的目的不是为了继续战争，而是要避免战争，将创业者从股权战争中解放出来。

股权架构的设计必须以目标作为导向，解决谁投资、谁负责、谁执行、谁获益的一系列问题。这四点系列问题就是股权架构目标性的体现。为了透彻理解，我们将它们换成更容易理解的表述——有效融资充分发展（谁融资）、维护创始人/团队控制权（谁负责）、保障高效率工作（谁执行）、吸引全体员工创造财富（谁受益）。

1. 有效融资充分发展（谁融资）

股权架构的设计不能只着眼当下，还要考虑未来多轮融资及上市的需要。融进资金一定会导致股权变动，而股权是企业控制权、利益权的根本，如何切割现有份额并为未来留出足够的份额，以吸引更多优质的投资者，是股权架构设计中必须考虑的。只有企业与投资者建立稳定的、默契的股权合作模式，企业才能继续创造更高的价值与更多的利益。

2. 维护创始人／团队控制权（谁负责）

掌握股权就是掌握所对应的企业权利，这是法律赋予股权的权利。但企业在发展壮大的过程中，势必会引发股权变动，外来投资者很少有"上帝"，几乎都是"野蛮人"，一不留神创始人／团队对企业的控制权就会被"野蛮人"蚕食掉。

威胁不止在外部，堡垒的内部也容易塌陷。比如，在创始团队中有人通过企业股权设计的一些漏洞，通过精妙布局，最终以掌握多数股权的方式获得了企业的控制权。现实中这样的情况并不少见，"老大"被"老二""老三"踢出局了。

股权设计想要达到的目标之一，就是要防止各类夺权的情况。通过合理的股权设计，将潜在危险进行规避，断绝他人的觊觎之心。这样做不仅个人受益，企业也将受益，毕竟稳定的企业才更容易施展能量。

3. 保障高效率工作（谁执行）

如果你问：股权架构与工作效率有什么关系？恐怕很多人一时间会发蒙：股权的设计能与工作有什么关联呢？

如果说关联，可能企业的高层管理者对此有更直观的感受，因为高管们通常具有持有企业股份的机会，也就能深刻感受股权架构与自身利益之间的关系。简单地说，企业的价值高，股票的价值就高，高层管理者自己的受益就大。那么，如何让企业的价值持续走高呢？就需要努力工作，通过自己的努力为企业的壮大添砖加瓦。

但这样的"努力提升企业价值，让自己获益更大"的良性递增关系，要建立在股权架构合理的基础上。如果股权架构不能够保障努力工作者的利益，形成了"自己努力，别人受益"的局面，努力工作者的工作积极性将大幅下跌。

4. 吸引全体员工创造财富（谁受益）

股权架构是企业的顶层设计，但并非只针对企业顶层。因为很多人都将股权视为"可想但不可得"的东西，认为那是企业高层才有资格探讨、拥有和受益的。

可是，当一份股权激励计划书摆在你的面前，告知即便是绿叶型员工也有机会获得企业的股份时，你会做何感想？有了企业的股份，等于自己能够多一份收入，这仅仅是短期利益。如果企业将来发展成某行业的"独角兽"，那么持股的人很有可能实现梦寐以求的财务自由，这是多么巨大的诱惑。当给予员工这样的实际利益，员工一定会撸起袖子加油干，共同创造属于自己的财富。

常规类型是设计的依据

一般来讲，股权结构有两层含义：股权集中度与股权构成。

（1）股权集中度是指企业前五大股东的持股比例。从这个意义上讲，股权结构有三种形式：①股权高度集中。绝对控股股东一般拥有企业67%以上的股份，对企业拥有绝对控制权；②股权高度分散。企业没有大股东，所有权与经营权基本完全分离，单个股东所持股份的比例均在10%以下；③股权分配较合理。企业拥有较大的相对控股股东，同时还拥有其他大股东，这些股东所持的股份比例在10%～66%之间。

（2）股权构成是指各个不同背景的股东分别持有股份的多少。以我国来说，指国家股东、法人股东及社会公众股东的持股比例。从理论上讲，股权结构可以按企业剩余控制权和剩余收益索取权的分布状况与匹配方式来分类。从这个角度来讲，股权结构也被分为"控制权不可竞争"和"控制权可竞争"两种类型。

在股权结构的划分上，通常会采用"三结构"划分法：

1. 一元股权结构

股权比例、表决权或投票权、分红权呈现一体化。在一元股权结构下，由股权比例决定中小股东的权利。在实际运用中，该结构存在几个表决权的节点。

（1）其中一方出资比例超过66.7%。这种出资比例让该持有方表决权达到三分之二以上，对企业任何表决事项都可以单方通过（除非公司章程有对股东表决人数做出最低底线的要求。）

（2）其中一方出资比例超过51%。这种出资比例让该持有方表决权过半数，对企业一般经营决策事项可以单方通过。

（3）其中一方出资比例达到33.4%以上。这种出资比例虽然该持有方无法做出通过性决策，却拥有一票否定决策的权力，因此等于对企业形成安全控制。

（4）各方出资比例均等。这种均分股权相当糟糕，会导致企业失去决策能力，经营很可能因为无法决策而陷入困境，直至走向死亡。

2. 二元股权结构

也称为"双重股权结构"或"双重股权制"。在股权比例、表决权或投票权、分红权之间做出不等比例的安排，将股东权利进行分离设计。通常将股权划分为高投票权和低投票权两类。

（1）高投票权。这类股票每股一般至少有10票投票权，甚至有几十票投票权，主要由企业高级管理者持有。作为补偿，高投票权的股票其股利低，设定一定年限（通常超过三年）才可转为低投票权股票。而且流通性较差，投票权仅限管理者使用。

（2）低投票权。这类股票每股一般只对应1票投票权，或者更少的投票权，极端情况下甚至没有投票权，由一般股东持有。

百度上市时采用了二元股权结构：在美国股市新发行的股票称为A类股票，表决权为每股1票；创始人的股份则为B类股票，即原始股，表决权为每股10票。上市前所有股东持有的股票均为原始股，一旦原始股出售，则降为A类股票，表决权从10降低为1。

3. 4×4股权结构

该种股权结构建立在二元股权结构的基础上，将公司股东分为四类：创始人、合伙人、员工、投资人，针对他们的权利进行整体性安排。

所谓"4×4"是一个比喻，把每一个创业企业比作一辆车，创业从事的行业是赛道，创始人是车手。创业本质上是一场比赛，不管是越野赛、拉力赛，还是F1，车手必须有好的赛车，才有足够克服困难阻力的驱动力。但在现实中，很多创业公司还是一辆自行车或三轮摩托车或仅仅是有四个轮子的代步车而已,很难在行业的赛道上跑出速度,被超越直至被碾压都是正常的。因此,企业必须实现迅速升级,将"4×4"架构做到位,让其真正能为企业这辆赛车增添动力。

(1) 发起人身份股。是指参与创业的人,无论职务高低和出资多少,一律平均获得该配额的股权分配。

(2) 创始人身份股。创始人为何有独占的身份股?因为在创业早期,必须有一个敢于承担责任的人。25%是中位数,如果是三人以上创业团队,该配额不应低于20%。

(3) 出资股。是指现金出资和渠道资源等能评估的、对创业早期必需的资源,不包括外部投资的出资,仅仅考虑创业发起人。

(4) 岗位贡献股。是指能给企业带来贡献的人所持有的股份,这些人必须是全职,包括CEO(首席执行官)、COO(首席运营官)、CTO(首席技术官)、CFO(首席财务官)、CIO(首席信息官)、CMO(首席营销官)、CPO(首席产品官)等。根据职位和公司业务导向确定各自比例,建议在均分原则上进行调整。

员工股权激励是设计的长期需要

股权架构中一个非常重要的组成部分就是员工股权激励,它是实现创始人/团队发展的长期的、必要的制度安排。但现实中大多数企业从创立开始就从未进行过相关专业设计,都是创始人/团队在为员工画大饼,希望让员工能凭空升腾出动力，这是不现实的。优秀的员工股权激励制度能够使企业核心管理者和员工通过努力工作和贡献获得部分股权，既能够扩大经济收益面，且有机会参加企业决策，加强与企业的关联性。我们将股权激励对员工和企业的重要意义概括为三点：①吸引和留住人才；②将企业和员工绑定为利益共同体，促进共同发展；③解决股东和高管、高管和员工之间的潜在问题。

X公司是一家小家电研发销售企业，由夫妻二人共同创立，后来为了攻克技术难关，又引入了第三个合伙人。近几年由于家电创新风潮到来，公司得到了高速发展。但三位联合创始人却在当下良好的发展形势下看到了深层次的危机：现在同类企业都进入了风口期，只要产品过关的，发展态势都不错，整个行业人才流动非常大，无论是创业者还是就业者，大家都在追逐更高的收益，那么如何能留住企业研发和销售团队的优秀人才？用什么抵御其他企业的强力挖角？经过反复磋商，并听取了专家的建议后，X公司决定实施股权激励计划。因为尚未讲述股权激励的具体形式，因此我们暂不对X公司的股权激励条款进行剖析，而是从整体方面进行解释。

X公司的股权激励可以分为三个部分：

1. 挑选激励对象

股权激励不是"见者有份"，而应设定门槛，进得来的才有机会。X公司从人力资本附加值、不可替代程度、员工的历史贡献三个角度挑选激励对象。这是非常重要的三项标准：一方面体现了公平，让选中者更加珍惜获得激励的机会，让未被选中者看清努力的方向；另一方面保证了团队内部的稳定性，享受奖励和日常工作没有冲突。

2. 选择激励方式

X公司没有设定某一种固定的股权激励方式，而是根据激励对象的类型和工作性质，设定激励模式。激励对象自行选择激励方式，最大限度地提升了员工的响应度。例如，对忠诚度高且工作能力强的员工，可匹配实股激励方式，给予充分认可；对于经济条件一般无法出资的激励对象，可匹配期权激励方式，给予充分理解。

3. 确定激励条件

X公司引入了股权激励考核机制，将激励对象的考核成绩分为四个等级，A级、B级、C级、D级，分别对应优秀、良好、及格、不及格。获得A级的激励对象不仅能获得企业的股权，还可以提升当月绩效为原绩效的1.5倍；获得B级的激励对象在获得企业股权的同时，还可提升当月绩效为原绩效的1.2倍；获得C级的激励对象只能获得企业的股权，不能提升绩效；获得D级的激励对象将被取消企业股权激励资格。也就是说，在被选为激励对象后，仍要通过考核才有资格享受股权激励。这种形式不仅督促了被选中的激励对象，也可激励未被选中的员工发力追赶。因为X公司有规定，未被股权激励计划选中的员工也会进行绩效评定，其中的名列前茅者有机会顶替被选中但获评D级的激励对象。

第二章
动态股权分配的逐层扫描

核心创始人维系着整个企业，必须具备提升团队的凝聚力的能力。除了在思想层面上动之以情怀、理想、抱负，还得在物质层面上给予丰厚的回报作为奋斗的动力，用未来的财富激发团队企业员工的奋斗热情，用动态股权的分配机制保障财富分配的公平性。

阻碍企业发展的股权分配模式

在实施股权结构设计的过程中，因为创业心态和内部环境的不同、商业形式和竞争对手的压迫，以及其他看不见的不确定状况，会影响股权划分的初衷与过程，导致一些"隐患股权结构"的出现。如一股独大、平均持股、股权过散、人资倒挂、小股为尊等，这些都是股权设计过程中必须重点防范的状况。当然，这几种股权结构不是绝对错误的，很多成功企业在创立之初就是一边走钢丝，一边谋发展。但前提是他们设计了更为符合自己企业发展的措施和更为严谨的防御机制，以确保股权结构能平稳健康地走下去。

下面我们将逐一介绍在企业内部无法保证平稳健康的情况下，这几种股权结构对企业的伤害。

1. 一股独大

一股独大是指某股东能够绝对控制企业运作，包括两种情况：①占据企业51%以上的控股份额，达到了独自拥有过半数表决权通过的有利局面；②不占绝对控股地位，只是相对于其他股东的持股比例高（通常界定为20%以上），但其他股东持股更加分散且难以联合，使得该股东可以控制企业运作。

当企业中第一大股东表决权比例超过25%时，通常容易赢得大多数股东支持，处于优势表决权地位。

我国因为有着浓厚的家族创业基础，因此以家族的某个成员为核心，形成的家族企业极易形成一股独大。《新财富》杂志对我国的家族上市企业进行了考察，前二十名家族上市企业的控股，家族平均所持股权比例超过55%；前五十名家族上市企业的控股，家族平均所持股权比例超过50%，远高于我国A股上市企业第一大股东平均40%左右的持股比例。

一股独大就会发展成"一言堂"，除了企业发展初期可以增强决策执行度外，随着发展的深入，"一言堂"将制约企业的正常经营管理。尤其是在企业进入到规模化和多元化阶段，缺乏对权力的制衡机制，决策失误的可能性将成倍增加，企业将承担很大的风险。因此，近些年来家族企业已经意识到了一家独大对企业的危害，为了尽量降低一种声音的能量，控股家族纷纷开始减持股份，通过增发和引进战略投资者的方式，控股家族所占股份的比例有所下降。

2. 平均持股

"平均主义"的持股形式在创业之初最为常见，当没有哪一方具有绝对强势（资金、能力、资源等）时，股权的搭配常以均分状态出现，如两个人各占50%，三个人各占33.3%，四个人各占25%，五人各占20%等。

实行"股权均分"有百害而难有一利：

首先是没有核心股东，导致企业决策没有"拍板人"。大家持股相同，都有发言权，但每个人都没有控制权。一旦发生影响企业的大事件，往往因为个人能力不同、考虑问题的倾向性不同、受外界影响程度不同等，导致无法达成一致意见，自然就形不成决策，缺乏决策而矛盾重重的企业是走不了多久的。而且，在企业一步步变强的过程中，持股人的内心也在发生变化，觊觎最高权力也是人之常情，又何谈同心协力！

其次是忽略了股东之间贡献不平等的情况。可能因为大家出资相同，所以就均分股份，但后期贡献也是不可忽视的。股东的贡献值在后期会随着时间的拉长而拉开距离，创造的价值不同了，但股权却是一样的，决策权和分红权也是一样的，难免会产生矛盾。

再次则是让投资机构有心无力。投资机构投资的原则是"投项目＝投人＝投股权结构"，如果你的企业没有"拍板人"，就等于隐藏极大的矛盾，当未来股东之间的隐性矛盾变为显性矛盾时，谁能做决策？谁能控制局面？任何投资机构都不愿意加入一个准烂摊子中。

3. 股权过散

企业从创立到发展离不开资金的支持，于是一些创业者大力寻找"带资入场"的合作者，只要肯投入资金，就会分得股份。这就导致了一些企业"大脑袋配小身子"的现象，即规模不大，但股东众多。

A是某咖啡连锁企业的创始人，为了让公司从成立之初就拥有大量资金，选择股权众筹的模式成立。最终入股人数超过80人。能够通过众筹参与创业的人，普遍都是高素质型人才，在各自的领域都能站稳脚跟。因此，当这么多"白骨精"集中在一起，A想象的是一幅"智慧大开发"的场景，每个人都贡献着智慧和能力，企业未来将不可限量。

但从想象回归现实后，A发现企业从创立伊始就变了味道，"白骨精"们都是小股东，每个人都有着自己的经营理念，都有权对企业经营"指手画脚",而且彼此间谁也不服谁,都认为自己的模式好,经营决策一日三变,连咖啡定价都忽高忽低。后来,为了争夺企业话语权,股东间又结合成若干个小团体,股权虽然集中了,但人心早已背离了,相互排挤。A面对这样的局面一点办法都没有,只能任凭雨打风吹去。

这家咖啡连锁企业的结局,从创立就已经注定了,"作死"经营的结果只能是死亡。在股东众多的公司中,人多就意味着关系复杂、圈层林立,如果没有一个可以服众的核心人物,就只是一盘散沙,跟人多力量大完全不沾边。即便企业有优秀的产品、出色的技术、众多的资源,最终也只能沦为其他企业的垫脚石。

4. 人资倒挂

企业创立之初,通常会面临资金短缺的困境,创始人往往会引进外部资金来助力企业发展。此时,资金相比经营能力等其他方面占据了更重要的地位,出资方也会因此要求占有企业更多的股权。出于对企业经营现状的考虑,创始人往往会答应出资方的股权分配要求。于是,一些出资方只在付出一定资金而没有其余贡献的情况下拿到了大量股份,包括创始人在内的实际经营者却因为出资少而占有小部分股份。股权划分比例一旦形成,后期想要变更会非常困难,毕竟已经到嘴的肥肉谁愿意吐出来呢?

Z公司是A、B、C三位合伙创立,A出资最少,但参与经营最多;B出资最多,但从不参与经营;C出资居中,也很少参与经营。但公司的股权比例却是A占股份最少,B占股份最多,C占股份居中。后来该公司在A呕心沥血的经营下,发展顺利,逐步成为当地的龙头企业。公司发展越大,A的内心不平衡感也越强烈,因为眼看着B和C在经营中什么力也不出，却每年分走绝大多数红利。

A要求重新划分股份，理由很充分，因为自己在独立经营公司，贡献最大，而B和C的资金贡献早已不对企业发展产生作用了。但B也给出了自己的理由，他认为"吃水不忘挖井人"，公司有今天完全是因为自己当初大力出资的结果，没有这个前提，后续的一切都不会到来，所以自己享有最多的红利理所应当。C也支持B的观点。

Z公司就出现了出力的人与出资的人在持股比例上"倒挂"的情况。当企业已经进入平稳发展阶段，对外部资金的需求由强烈变为平缓，甚至变为不再需要，届时，出力的人成为企业发展的支柱，其优势必须在权与利方面得到凸显，而不是像B所言，一次贡献则终生受用。

"罗辑思维"在成立之初就是"人资倒挂"，申音占股82.45%，罗振宇占股17.55%。虽然两人被业界称为"黄金搭档"，但他们的关系更像是明星与经纪人的关系。申音是经纪人，负责将罗振宇推向幕前，接下来的任务都是罗振宇的。罗振宇火了之后，很明显粉丝追随的是他，而不是他所在的公司。在这种模式下，创造价值的是罗振宇，持有大股的却是申音，股权比例决定了最终的权利与利益的分配，也决定了两人的分道扬镳。

由此可见，随着经营的深入，经营股东和投资股东的价值是不断变换的，若不做好股权调整的准备，一旦遇到战略抉择，合伙人的分裂或企业的崩溃将不可避免。

5. 小股为尊

在常规思维中，企业里谁占股多，谁的话语权就大，小股东面对大股东时，几乎没有可能获得权利优势。但我们用的是"几乎"，而非"绝对",就是因为现实经营中确实存在小股东玩转大股东的情况。

Y公司有A、B两名股东,分别拥有公司51%和49%的股份。B尊重大股东A的决策权,几年经营相安无事。后来公司为了拓展业务,招募了一位技术大神C,为了让C尽心工作,A和B各拿出3%的股份相赠。公司股权结构变更为：A占股48%,B占股46%,C占股6%。

显然,A已经由过去占股超过50%的控股股东变成只是占股相对多数的大股东了,但B仍然和过去一样,以A的意见为准,自己甘心做副手。而C虽然是被聘来的,在技术层面有很高的话语权,但在决策层面因为股权最少,相比A和B,在公司内的分量理应最轻。

但C从公司的股权结构中发现了能让自己加重分量的漏洞。因为A和B都没有达到股东持股过半数的相对控制线,也都没有法定意义上的决策权,只是B自愿让渡决策权。因此,每当A与B意见相左而B即将妥协时,C就会站在B的一边,通过股权多数"帮助"B争取决策权。渐渐地,B的权力欲望也被激发起来,而且认为C是坚定支持他的,他有了抗衡A的筹码,那个曾经的辅助者变成了权力争夺者。

A也意识到了C的重要性,也想办法争取C站在自己一边。C的目的达到了,他成了左右A和B的关键因素,无论是A+C的股份之和,还是B+C的股份之和,都超过了51%。于是,只要获得了C的支持,就等于某项决策可以通过了。C不再像最开始支持B那样固定站队,而是在个人利益至上的前提下周旋于A、B之间,最终形成了A、B被双双架空,C成为隐形决策者的局面。

通过上述案例可以看到,因为股权划分不合理导致小股东称霸,让公司中的某一个或某几个小股东形成的小集体趁机做大,窃取公司的最高决策权。

了解股权结构的生命线

股权结构的生命线共有九条,这是由《中华人民共和国公司法》(以下简称《公司法》)、《中华人民共和国证券法》(以下简称《证券法》)等法律明确规定的,从上市企业的股东权利和义务中得出的,对上市企业的经营管理有着重大意义。

1. 绝对控制权线——67%

《公司法》对绝对控制权有明确规定:"股东大会作出决议,必须经出席会议的股东所持表决权过半数通过。但是,股东大会作出修改公司章程、增加或者减少注册资本的决议,以及公司合并、分立、解散或者变更公司形式的决议,必须经出席会议的股东所持表决权的三分之二以上通过。"

这就意味着,上市企业的股东如果持有股权比例达到67%,就等于拥有了"一票通过权",对企业重大决策的表决形成绝对控制,与100%的持股效力相同。

但在具体实行时仍有几个问题需要注意:

(1)"三分之二"转换成百分比,不只是67%,还可以是66.7%、66.67%、66.667%等。

(2)"经出席会议的股东所持表决权的三分之二以上通过",那么"以上"是否包含本数，如67%、66.7%、66.67%等？依据2021年1月1日起实施的《中华人民共和国民法典》（以下简称《民法典》）第一千二百五十九条："民法所称的'以上'、'以下'、'以内'、'届满'，包括本数；所称的'不满'、'超过'、'以外'，不包括本数。"

（3）《公司法》第四十二条："股东会会议由股东按照出资比例行使表决权；但是，公司章程另有规定的除外。"公司章程可自行约定一个比例，规定不按出资比例行使表决权。

2. 相对控制权线——51%

属于股东持股数"过半数"，对企业的重大决策有表决权，可以对企业形成控制。比如，聘请独立董事，选举董事、董事长，聘请审议机构，聘请会计师事务所，聘请或解聘总经理等。

从法律层面上来说，51%只是具有相对控制权，若是涉及重大事项，如增资减资、修改公司章程，以及企业合并、分立、变更、解散等，持股51%并没有决策权，需要召开股东大会经出席会议的股东所持表决权的三分之二以上通过。

3. 安全控制权线——34%

当股东持股达到34%，意味着持股量超过三分之一。那么，余下的股权加起来只有66%，无论这66%由一人持有或多人持有，都无法达到绝对控制权线标准，即无法实行"一票通过权"。因此，当其中某一位股东的持股量达到34%，就形成了"安全性控股"，或称为"否决性控股"。

企业想要通过某项重大事宜，必须争取持股达34%的股东的同意，否则若是否定票达到34%，重大事宜就无法通过，这就是"一票否决权"。

4. 上市企业要约收购线——30%

如果上市企业的某位股东持股量达到30%,其想控制企业就需要加大持股占比。但是,《证券法》与《上市公司收购管理办法》都有规定:收购人持有一个上市公司的股份达到该公司已发行股份的30%时,继续增持股份的,应当采取要约方式进行,发出全面要约或者部分要约。

也就是说,收购人要向所有股东发出通知,表明自己的收购意图,还要向被收购的企业发出收购的公告,待被收购企业确认后,方可实行收购行为。

5. 重大同业竞争警示线——20%

上市企业的控股股东或实际控制人所从事的其他业务或控制的其他企业(通常企业控制人或大股东都不止有一家企业,而是同时控制或参股多家企业),与本企业所从事的业务相近甚至同类,双方遂形成间接或直接的竞争关系。

对于这方面,法律上没有明确的规定。但在具体操作时,通常以20%的股权关系作为重大同业竞争警示线。其实,一个股份公司可以通过20%以上的股权关系(可以是重大债权关系)控制或影响企业。

6. 召开临时会议权线——10%

股东的持股量达到10%,就拥有请求召开临时股东大会或者召开董事会临时会议的权利,并拥有提出质疑、调查、起诉、清算、解散公司的诉权。因此,在设计股权架构,做股权激励、引进投资方时,需避免出现某个利益小团体的持股超过10%。

7. 重大股权变动警示线——5%

股东持股量达到5%及以上,就达到了"举牌"的比例界定。"举牌"的目的是防止机构大户操纵股价,保护中小投资者利益。

《证券法》第六十三条对此有明确规定:"通过证券交易所的证券交

易，投资者持有或者通过协议、其他安排与他人共同持有一个上市公司已发行的有表决权股份达到百分之五时，应当在该事实发生之日起三日内，向国务院证券监督管理机构、证券交易所作出书面报告，通知该上市公司，并予公告，在上述期限内不得再行买卖该上市公司的股票，但国务院证券监督管理机构规定的情形除外。"

5%的持股量就像一道看不见的线，只要投资者持有（或通过协议、其他安排与他人共同持有）一个上市企业已发行的股份达到5%后，当其所持该上市企业已发行股份比例每增加或减少5%，应当依照规定进行公告。换种表达形式来说，就是上市企业如果有超过5%的股权要转让或变更，就需要进行公告。公告后两日内，不得再买卖该上市企业股票。

8. 临时提案权线——3%

《公司法》第一百零二条第二款和第三款对临时提案做出规定："单独或者合计持有公司百分之三以上股份的股东，可以在股东大会召开十日前提出临时提案并书面提交董事会；董事会应当在收到提案后二日内通知其他股东，并将该临时提案提交股东大会审议。""临时提案的内容应当属于股东大会职权范围，并有明确议题和具体决议事项。"

也就是说，当企业股东拥有的股份达到3%时，就拥有临时提案的权利。提案对企业股东大会的召开有着相当大的影响力，是必须得到解决的。

9. 代位诉讼权线——1%

也称"派生诉讼权线"，当股东持股量达到1%，就拥有间接的调查权与起诉权。《公司法》第一百五十一条第一款对此进行了规定："董事、高级管理人员有本法第一百四十九条规定的情形的，有限责任公司的股东、股份有限公司连续一百八十日以上单独或者合计持有公司百分之一以上股份的股东，可以书面请求监事会或者不设监事会的有限责任公司的监事向人民法院提起诉讼；监事有本法第一百四十九条规定的情形的，前述股东可以书面请求董事会或者不设董事会的有限责任公司的执行董事向人民法院提起诉讼。"（《公司法》第一百四十九条："董事、监事、高级管理人员执行公司职务时违反法律、行政法规或者公司章程的规定，给公司造成损失的，应当承担赔偿责任。"）

代位诉讼的发生有三个前提：①董事、高管违法违规损害企业利益；②监事违法违规损害企业利益；③前两项都出现问题。企业股东可以以自己的名义"代企业之位"直接向法院提起诉讼。

股权比例计算方法与估值浮动

只有运用科学的股权比例计算公式进行评估，才能得出让每位股东都信服的股权分配方法。在此为大家介绍一个被广泛认可的公式和如何进行投入要素的估值浮动。

A、B、C三人联合出资创办一家废水处理厂。其中，A出资了h元，并贡献出创业场地，该场地市场估价为h_1元；B出资k元，并附带污水处理的核心基础一同加盟，该技术市场估价为k_1元；C出资m元，同时零薪酬担任公司的财务总监，以该职位的市场平均月薪和C的工作能力得出其

应得年薪为 m_1 元。

那么，该废水处理厂初建的总资产为：$h + h_1 + k + k_1 + m + m_1$ 元，如何划分 A、B、C 三人的股权比例呢？

我们将这些资产总和记为 T，其中 A 的总资产为 $h + h_1$ 元，记为 U，那么 A 的股权比例计算公式为：

$$股权比例 = (U \div T) \times 100\%$$

公式虽然简单，但难度在于创业团队要根据市场价值，如实折算每名创始股东的实物资本和其他投入要素的折合资本。

而且，上述公式只是最理想化的股权比例计算方法，在具体操作中存在很多变化。尤其是创业初期，每名创始股东的各种投入要素的稀缺性和对企业的价值相关性存在差异。

例如，有些创业企业急缺资金，现金出资者在这个阶段的贡献值就大一些；有的创业企业急缺人才，带着技术加盟的创业股东在这个阶段的贡献值就大一些；有的创业公司急需打开销售渠道，有这方面资源的创业股东在这个阶段的贡献值就大一些。总之，对于最迫切、最稀缺的要素，创业团队应当适当放大估值比例。

对大部分创业企业而言，创业初期最需要的是资金，因此创业团队应对资金的价值进行放大，不按照 1：1 的方式，可以按照 1：1.2、1：1.5、1：2 的方式。A 在创业初期投入资金 40 万元，如果按照 1：2 的方式进行估值，A 的投资金额就是 80 万元，该公司创业团队在进行股权分配时，就应按照 80 万元进行价值估算。

除投资现金外，有些创始股东还会进行实物资产投资或技术入股。创业团队要根据紧要和稀缺程度对各类投资要素进行辨别。实物资产投资常被视为现金投资的延伸，但被认定为企业实物资产的投资要满足两个条件：①企业的核心资产；②为经营而特意购买的实物。例如，某公司的核心项目是网络开发，那么 B 贡献的高端网站服务器就是该公司的核心资产，C 为了大家吃饭方便贡献的冰箱和微波炉就不能算作实物出资。

最后强调一种特别情况——时间资本。时间看不见摸不着，却能创造价值，但在创业过程中是逐渐投入进去的，那么每名创始股东对企业的投入及其股权比例，可能会因为个人的贡献不同而处于动态中。动态的往往是难以量化的，需要在股权比例划分方面进行更全面地考虑。

事先预估与定期评估

股权事先预估法，是在创业项目启动之前运用的，即事先预估每个创始股东的综合投入价值，并据此预估各创始股东的股权比例。

A、B、C 三人合伙创办食品加工厂，主营各种辣条。其中，A 只投入场地，市场估价为 35 万元；B 只投入核心技术，根据相关技术的生产力及当时的市场条件估价为 20 万元；C 只投入资金 25 万元。这样 A、B、C 三人的投资总额为 80 万元。在不考虑任何其他因素的情况下，根据上节讲过的股权比例计算公式可以得出：A 的股权比例为 35 万元 ÷ 80 万元 × 100% = 44%；B 的股权比例为 20 万元 ÷ 80 万元 × 100% = 25%；C 的股权比例为 25 万元 ÷ 80 万元 × 100% = 31%。

实际经营中，三人继续发挥各自所长，A 负责食品加工厂的整体运营管理，B负责食品加工厂的产品生产；C负责食品加工厂的原材料引进和销售渠道搭建。根据当时的市场行情，A的年薪在12万元左右，B的年薪在8万元左右，C的年薪在15万元左右。由于是创业初期，该公司只有C投入的25万元这一笔资金，应对C的25万元资金进行1.5倍加成。

因此，创业第一年A的投入资本预估总额变为35万元＋12万元＝47万元；B的投入资本预估总额变为20万元＋8万元＝28万元；C的投入资本预估总额变为25万元×1.5＋15万元＝52.5万元。三人合计投资总额变更为127.5万元。根据股权比例计算公式可以得出：A的股权比例为47万元÷127.5万元×100%＝37%；B的股权比例为28万元÷127.5万元×100%＝22%；C的股权比例为52.5÷127.5×100%＝41%。

同时，三人还准备预留出35%的股权池比例，即每个人的股权比例都相应削减35%，最后得出A、B、C的股权比例分别为24.05%、14.3%、26.65%。

通过这个案例可以看出，动态的预估比静态的评估更能合理地反映每个创始股东的资本占比。但"更合理"不代表永远合理，每一项投资要素随着时间的推移对企业的重要程度会有改变，或者持续上升，或者持续下降，也或者失去了价值。因此，我们需要引入定期评估原则，对每名创始股东在某固定时段内对企业的贡献进行评估，以确定下一阶段的股权分配调整策略。

仍以上述食品加工厂为例，在创业之初C投入的25万元资金非常重要，因此进行了1.5倍处理。但在公司经营步入正轨并不断获得盈利后，最初的25万元资金投入对企业的影响力越来越小，而企业利润的获得来自A、B、C三人的共同努力。该企业在进行第一次股权激励时，C的份额被相应减少，以此来调节个人后期努力和前期投入之间的不平衡。

对于多长时间进行股权定期评估的问题，建议根据企业业务发展的需要而定，可选择每年评估一次或每三年评估一次。不应过于频繁，也不应长期不实施。

融资前的股权结构

企业初创阶段或天使轮未完成前，就是企业融资前阶段。这个阶段是企业最艰难的时期，也是极易引发矛盾的时期。如今的企业都很重视股权结构，通常在创立开始就进行设计，主要涉及两人合伙、三人合伙、四人合伙、五人及以上合伙等类型。

为更加贴近现实的复杂状况，我们重点阐述5人合伙的情况。

X新科技公司（以下简称X公司）由A、B、C、D、E五位股东联合创立，注册资金100万元。其中，A是创始人，原就职于某国内软件科技公司，负责软件开发与市场拓展，拥有大量客户资源，因进入该行业长达十年，在业内有一定的知名度。B和C是A在原公司的直系下属，被A的专业能力和人格魅力所折服，自愿加入X公司，全职担任职务。D是A的大学同学兼业内好友，多年来一直保持密切联系，愿意出资入股X公司，并提供一定的市场资源。E是A投行方面的朋友，很看好A的人品和能力，也愿意投资入股X公司。五位股东均为现金出资，约定D和E为投资人，不参与X公司的经营管理，A、B、C是公司实际管理与经营者。

X公司五位股东的出资情况与股权架构为（见表2-1）：

表2-1　X公司股东出资与股权架构

股东	工作性质	出资金额	股权比例	是否参与经管
A	全职	50万元	33.4%	参与
B	全职	5万元	3.3%	参与
C	全职	5万元	3.3%	参与
D	投资人	30万元	20%	不参与
E	投资人	60万元	40%	不参与

A对X公司的未来很有信心，但有一些隐患必须先知先觉。谁是核心大股东？创业团队谁说了算？如何调动股东们的积极性？分红比例如何划分？

后来A经过一段时间的调查研究和与全体股东的沟通，形成一套可行的落地方案。先确定A、B、C三名股东为X公司经营管理层，D和E为投资人。再按照同股不同权和同股不同利的原则，确定了经营管理层与投资人的分红规则（见表2-2）：

表2-2　X公司分红规则

可分红的净利润	经营管理层分红比例	投资人分红比例
35万元（含）以下	30%	70%
36万元~50万元（含）	40%	60%
51万元~70万元（含）	50%	50%
71万元~90万元（含）	60%	40%
90万元以上	70%	30%

注：表2-2中不够整数的按四舍五入凑整。

本案例中，X公司净利润的一半用于分红，另一半用于公司发展。

假如X公司成立元年的净利润为90万元，则用于分红的金额为45万元。这 45 万元中，35 万元分别对应 30%（经营管理层）和 70%（投资人）的分红比例；10 万元分别对应 40%（经营管理层）和 60%（投资人）的分红比例。计算如下：

经营管理层分红 = 35 万元 ×30% + 10 万元 ×40% = 14.5 万元

投资人分红 = 35 万元 ×70% + 10 万元 ×60% = 30.5 万元

假如 X 公司成立次年的净利润为 140 万元，则用于分红的金额为 70 万元。这 70 万元中，35 万元分别对应 30%（经营管理层）和 70%（投资人）的分红比例；15 万元分别对应 40%（经营管理层）和 60%（投资人）的分红比例；20 万元分别对应 50%（经营管理层）和 50%（投资人）的分红比例。计算如下：

经营管理层分红 = 35 万元 ×30% + 15 万元 ×40% + 20 万元 ×50% = 26.5 万元

投资人分红 = 35 万元 ×70% + 15 万元 ×60% + 20 万元 ×50% = 43.5 万元

X 公司经过两年发展，经营管理层的分红由 14.5 万元增加至 26.5 万元，投资人的分红由 30.5 万元增加至 43.5 万元，都实现了大幅增加。其中，经营管理层的分红增幅为 82.8%，投资人的分红增幅为 42.6%。

经营管理层在分红比例的增幅上跑赢了投资人，这是对 A、B、C 三位股东既出钱又出力的辛勤付出的奖励。而 D 和 E 两位股东虽然出钱，但并不出力，只享受分红。随着企业经营越来越好，企业对原始出资的依赖度会逐渐降低，直至彻底没有，所以在公司不断壮大后，投资人的分红比例将逐渐下降，这是合理的。

以 A 为核心的经营管理层对企业的贡献将越来越大，正是在他们的不断努力下，X 公司的净利润才能不断提升，所以他们的分红比例随之提升也是合理的。

融资后的股权结构

企业获得天使轮或 A 轮融资后的股权架构，就是融资后的股权结构。这时期的企业已经走过了生存期，来到了快速发展期，又将面临下一轮的资金短缺问题，投资人将真正为企业发展助力。

2016 年冬，F 、G 、H 三人成立 Y 公司，注册资金 50 万元，每股 1 元，共 50 万股，三个股东均分股份。2017 年夏末，Y 公司为加快全国布局，建立信息化网络，拟向天使 W 机构融资 200 万元，出让 10% 的股份。那么，Y 公司应向 W 机构发行多少股份？

通过计算可以得出，天使 W 机构获得的股份 = 50 万股 ÷（1 — 10%）× 10% = 55555.6 股，具体可参考下表（见表 2-3）：

表2-3　Y公司天使W投资200万元后对应的持股数

股东	股份	天使轮融资后拟注册资金	持股比例	资本公积金
F	50÷3（万股）	250万元 × 30%＝75万元	30%	—
G	50÷3（万股）	75万元	30%	—
H	50÷3（万股）	75万元	30%	—
天使W	55555.6股	250万元 × 10%＝25万元	10%	175万元
合计	555555.6股	250万元	100%	175万元

Y 公司融资 200 万元后，注册资金由原来的 50 万元增长至 250 万元

（是公司整体注册资金，归属所有股东按各自占股划分）。因此，相当于F、G、H三人各出资75万元（250万元×30%），天使W机构出资25万元（250万元×10%）。

以F为例，其账面价值为75万元（50万元÷3×4.5），比公司成立之初时增长了350%，具体计算为：（75万元－50万元÷3）÷（50万元÷3）。

2018年夏初，Y公司决定加速发展，需要再次引入外部投资者，经全体股东同意，同比例扩股4.5倍。例如，F合伙人持股数由原来的（50÷3）万股扩增至75万股，每股4.5元。

2019年春节来临之前，Y公司全体股东一致同意进行A轮融资，出让公司20%的股份，融资2000万元，用于某城市新技术研发基地的建设。那么，Y公司应向A轮投资者发行多少股份？

通过计算可以得出，A轮投资者获得的股份＝250万股÷（1－20%）×20%＝62.6万股，具体可参考下表（见表2-4）：

表2-4　Y公司A轮融资2000万元后对应的持股数

股东	股份	A轮融资后拟注册资金	持股比例	资本公积金
F	75万股	540万元	24%	—
G	75万股	540万元	24%	—
H	75万股	540万元	24%	—
天使W	25万股	180万元	8%	175万元
A轮机构	62.5万股	450万元	20%	1550万元
合计	312.5万股	2250万元	100%	1725万元

经Y公司全体股东同意，资本公积金中的750万元转赠注册资金，即注册资金由当下的2250万元增资至3000万元，资本公积金剩余975万

元。股权结构如下（见表2-5）：

表2-5　Y公司两轮融资后的股权结构

股东	股份	注册资金	持股比例	资本公积金
F	75万股	720万元	24%	剩余975万元
G	75万股	720万元	24%	
H	75万股	720万元	24%	
天使W	25万股	240万元	8%	
A轮机构	62.5万股	600万元	20%	
合计	312.5万股	3000万元	100%	975万元

经过天使轮和A轮融资后，Y公司股价为9.6元/股（3000万元÷312.5万股），股价溢价=（9.6－4.5）÷9.6%＝53%。

仍以F为例，其账面价值为720万元（75万元×9.6元/股）。此时，Y公司估值已达1亿元（2000万元÷20%），F合伙人的估值为2400万元（1亿元×75万股÷312.5万股），即Y公司估值的股价为32元/股（1亿元÷312.5万股）。

第三章
预留股权的双重机制

以股权思维为核心的资本时代,许多创业者在创业伊始就为未来的股权融资和股权激励做了筹划,即在企业的股权架构中预留了一定比例的股权。股权池的存在也为股权能够在未来更灵活地进行动态调整提供了条件,那么股权池应如何预留,又将怎样操作呢?

设立动态股权池

股权池就是预留股权的形象比喻,是常见的股权运作形式。主要目的有三点:一是招揽人才;二是吸引投资;三是保护创业者对企业的控制权。

某公司CTO(首席技术官)和CFO(首席财务官)的职位空缺,但创始人并未急着招聘,更没有选择立即"空降",而是预留出与职位对应的股权份额,等待好的机会吸收能给企业运营带来更大助益的人才。

预留股权的比例各企业根据情况自行决定,通常为股权总数的20%~40%。预留的股权不必过多,多了不利于创始人或大股东对企业的掌控,也容易激起现有股东的觊觎之心;预留的股权也不能过少,太少对人才难以形成吸引力,设立股权池就没有意义了。

此外,还要解决预留股权的存放问题,否则股权池的好处仍将难以体现,我们以案例形式进行阐述。

A、B、C三人共同出资成立一家有限责任公司X,注册资本为100万元,其中A出资50万元,B出资25万元,C出资25万元。按照行业规则,留出40%股权用于将来吸收新人和融资。X公司的股权划分为:A占股35%、B占股15%、C占股10%,预留40%股权。

看似简单明了的情况,却引出了三个问题:

问题一：公司不能持有本公司的股权，预留的40%股权怎样存放？

问题二：预留的40%股权对应的40万注册资本从哪里来？

问题三：在预留股权分出去之前，股权池的股权所对应的权和利如何划分？

针对问题一，我们提供三个解决方案：

（1）放在A名下，由X公司的"老大"代持。这种做法便于股权掌控和将来做股权转让，但容易引发B和C的不满，因为代持者将享有预留股的收益。

（2）存放在持股平台。比如，由A作为普通合伙人，B、C作为有限合伙人，成立一家有限合伙公司来持有股权池的预留股权。将来有新人或机构进入时，直接进到有限合伙公司里。这种方法最好，但成本偏高。

（3）几名股东平均持有，分别代持。此方法股东们更容易接受，但将来需要进行多次股权转让，流程烦琐。

针对问题二，我们给出简单与复杂两个方案：

（1）简单的方案：谁代持，谁出这部分资金。

（2）复杂的方案：股东间按照各自的持股比例划分代持比例，并按照代持比例认缴出资，等新人进来时，再将一定比例的股权有偿转让到其名下。

然而，不论是简单方案还是复杂方案，都会引出问题三：如果A全额缴纳了预留股权的40万元注册资本，单独持有股权池40%的股权，就会享受这部分股权所对应的表决权和分红权。若B和C也想出这40万元或其中的一部分，也想享受相应的权利，怎么办？难道要动用公司章程规定B和C不允许暂缴股权池的出资吗？这样做虽然可以化解股权池出资的矛盾，却会引发股东之间的其他矛盾。

为了解决这个问题，最佳建议是成立持股平台持有股权池的预留股份，当然这需要更高的成本，对于初创企业并不容易做到。

为此，我们给出更经济实惠的建议：由A单独出40万元，避免了将来多次股权转让的麻烦。并由A全部享有股权池对应的表决权，但分红权在A、B、C之间协商分配，这样做的结果可有两种情况：①作为出资者，A可以多获得一些分红；②A虽然全额出资，但也享受到了股权池对应的全部表决权，在分红权方面做些让步，与B和C三人均分或者B和C多分一些。

A作为公司的掌控人，并且全额出资股权池，享有更多的表决权；B和C在不用出资却得到一部分分红的情况下，也不会再有异议了。

股权成熟模式

股权从能否行权进行划分，可分为"未成熟"和"已成熟"两种。已成熟是达到股权兑现条件，能够由名义上的股权持有者变成正式的股权所有者，并能对所持有的股权自由支配。未成熟是未达到股权兑现条件，名义的股权持有者资格将部分丧失，且不能自由支配未成熟部分的股权，必要时须退回这部分股权。

股权是否成熟，在股权激励机制中非常重要，可以直观界定某部分股权是否正式由持有者所有。因此，股权是否成熟的划定方法必须非常严谨，既要保证企业利益，也要保证个人利益。下面给出三种常见的股权成熟的模式：

1. 按年成熟

将股权的成熟以"年"为单位划分。事先通过协议确定成熟的年限要求（统一年限与分段年限），在满足年限要求后，股权成熟。

A、B、C三人合伙创业，股权比例是6∶3∶1。一年后C决定退出，但他手上还持有公司10%的股份，要如何安置呢？

根据共同协商签署的《股东协议》约定，股权按四年成熟为定（必须满四年）。具体规则是：每个人的股权被均分为四份，每满一年成熟25%，四年期满后，所有股权全部成熟。

C干满一年，可以享有自己所持股份10%的四分之一，即2.5%，剩下的7.5%就不再属于C了。C所拥有2.5%股份的处理方式，通常是由其余股东按照《股东协议》约定的金额进行现金回购。

还有最关键的"无主"的7.5%股份，有两种处置方法：①强制分配给A和B，分配比例可以均分，也可以按照持股比例确定；②以不同的价格按公平的方式暂时划分给A和B，将来可以重新找新合伙人代替C的位置。

2. 按项目进度成熟

以一个项目的完成度来考核股权持有者，达到预先约定标准的，可以享有股份，否则不享有。项目完成度可以按产品测试、更新迭代、推出进度、推广效果、达到用户数等指标考核。这种方式对于一些自媒体运营的创业项目比较有用。

采用这种方式必须坚决施行。比如，预计某项目可能要两年才能实现预估的用户数,但交给某位股权持有者操作后,居然半年就做到了,这种情况下必须兑现股权成熟。

此外,还可以按项目的运营业绩实施股权成熟,如营收额、净利润率等。因为有些项目离钱比较近,更容易赚到钱,就可以根据业绩进行约定。

3.按融资进度成熟

除了来自内部的参考标准外,还可以动用外部的参考标准。融资进度就是不错的参考项。融资对企业发展至关重要,就像当初没有蔡崇信争取到的大宗融资,阿里巴巴很可能死于婴儿期。

融资的金额可以反映出产品的市场认可度、资本市场对企业期待值的大小、企业未来的经营走向可能性等。

以融资进度作为成熟方式,往往作为辅助股权设定的角色出现。因此,不能简单地以谁融资的贡献大,谁就占据股份多,而是在出资、渠道、资源、日常工作等方面进行综合考评后,确定对融资贡献大的股权持有者予以额外奖励。

第四章
影响股权权益的异常情况

　　股权纷争的酿成并非一朝一夕，而是从股权架构设定之初就存在隐患，经过长时间股权运作过程中的风险积累，不仅对股权权益造成损害，对企业经营也将造成致命伤害。现实中很多本该有良好发展的企业死在了股权纷争上，我们在遗憾之余，还要分析其中的原因，吸取教训，避免自己的企业也走上悲剧之路。

股东出资有瑕疵

注册资本是出资人依法缴纳的作为企业承担责任的保证资本。拥有注册资本是公司成立的必备条件，但如果出资过程中存在瑕疵，就会给债权人造成利益损害。

A是X公司创始人，C是Y公司负责人。双方达成买卖意向，Y公司从X公司购入240万元生产原料，A要求Y公司先行支付40万元作为定金，其余款项在Y公司收到货物后10个工作日内一次性结清，C表示同意。在签署合同时，C提出余款可否在三周内分三次结清，分别是第一周结算20%，第二周结算50%，第三周结算30%。为促成最终合作，X公司经过考虑，同意了C的要求，双方顺利签订合同。

然而，在Y公司收到全部货物后，只支付了余款中的20%，便以产品质量不符合标准为由拒绝支付，X公司多方联系C均无果。时间拖了半年，Y公司已将X公司提供的原料转卖，获利不菲。

A见索要余款无望，向法院提起诉讼，要求Y公司偿还未结算的160万元余款。法院调查得知，Y公司是C和D共同成立的，注册资金300万元。其中，C是以房产作价220万元进行出资，但房产并未过户到Y公司名下；D是以现金出资，实际出资只有40万元（已经作为定金交付给X公司）。某会计师事务所将未过户的房产作为C的出资予以验资。C在公司成立不久后又将这套作价房产售卖给F。现在Y公司没有任何资产，在判决胜诉的情况下，X公司要如何挽回损失呢？

虽然《公司法》鼓励出资多样性，但绝不允许股东用欺诈方式出资。以非现金方式出资的股东应当依法办理财产权转移手续，如不办理则应当认定股东没有支付相应对价取得公司股权。因此，这类瑕疵出资的股东需要承担相应的法律责任。

此外，股东未履行出资义务的，债权人有权要求股东在未出资本息范围内，对公司债务不能清偿的部分承担补充赔偿责任。结合本案例，C应该在其出缴的注册资金范围内（220万元）承担补充赔偿责任，而D则应在80万元范围内承担补充赔偿责任。对比，可参考《公司法》的相关规定：

《公司法》第二十七条："股东可以用货币出资，也可以用实物、知识产权、土地使用权等可以用货币估价并可以依法转让的非货币财产作价出资；但是，法律、行政法规规定不得作为出资的财产除外。对作为出资的非货币财产应当评估作价，核实财产，不得高估或者低估作价。法律、行政法规对评估作价有规定的，从其规定。"

《公司法》第二十八条："股东应当按期足额缴纳公司章程中规定的各自所认缴的出资额。股东以货币出资的，应当将货币出资足额存入有限责任公司在银行开设的账户；以非货币财产出资的，应当依法办理其财产权的转移手续。股东不按照前款规定缴纳出资的，除应当向公司足额缴纳外，还应当向已按期足额缴纳出资的股东承担违约责任。"

如果怀疑或发现某股东出资瑕疵，可以采取以下措施保护自身利益免受侵害：

（1）在工商登记档案中查询公司成立时的出资情况。

（2）通过会计师事务所出具的验资报告，进一步验证该股东是否将用作出资的不动产或知识产权变更至公司名下。

（3）到相关部门查实该股东是否将用过出资的不动产或知识产权变更至公司名下（该步可防止会计师事务所与股东合谋）。

通过上述步骤，如果发现该股东没有履行变更登记，则可认定该股东出资不到位。公司、其他股东或公司债权人主张认定出资人未履行出资义务的，在诉诸法律后，法院在依法依规对事实调查清楚后，应予以支持。

《最高人民法院关于适用〈中华人民共和国公司法〉若干问题的规定（三）》第十三条：" 股东未履行或者未全面履行出资义务，公司或者其他股东请求其向公司依法全面履行出资义务的，人民法院应予支持。

"公司债权人请求未履行或者未全面履行出资义务的股东在未出资本息范围内对公司债务不能清偿的部分承担补充赔偿责任的，人民法院应予支持；未履行或者未全面履行出资义务的股东已经承担上述责任，其他债权人提出相同请求的，人民法院不予支持。

"股东在公司设立时未履行或者未全面履行出资义务，依照本条第一款或者第二款提起诉讼的原告，请求公司的发起人与被告股东承担连带责任的，人民法院应予支持；公司的发起人承担责任后，可以向被告股东追偿。股东在公司增资时未履行或者未全面履行出资义务，依照本条第一款或者第二款提起诉讼的原告，请求未尽公司法第一百四十七条第一款规定的义务而使出资未缴足的董事、高级管理人员承担相应责任的，人民法院应予支持；董事、高级管理人员承担责任后，可以向被告股东追偿。"

股东抽逃出资

抽逃出资是指在公司成立后的经营过程中，股东将所缴纳的出资暗中转移，却仍保留股东身份和原有出资数额的行为。

当公司成立后，出资就变成了公司的财产，股东不能直接撤回这些资本。如果股东直接将所缴出资撤回，则构成抽逃出资，当有债务纠纷时，股东应承担补充赔偿责任。因此，《公司法》第三十五条做出明确规定："公司成立后，股东不得抽逃资金。"

在现实中仍有一些人在出资上动歪脑筋，具体表现为：公司未成立时，公司发起人、股东将出资款转入公司账户，待验资后又转出，损害公司和其他股东的权益。抽逃出资的方式通常为两种：①通过虚构债权债务关系，将出资转出；②通过制作虚假财务会计报表，虚增利润进行分配、利用关联交易将出资转出。

A是一家建筑工程公司的负责人，向老同学B借款用作资金流转。B听说A的公司前阶段刚完成一次增资，认为其公司有偿还能力。A以公司为主体向B借款300万元，并签订了《借款协议》，约定借款期限为14个月，到期本息一并偿还。

但到了还款日，A以行业不景气为由，屡次搪塞。B见常规方式讨要无果，便起诉至法院，要求A的公司偿还借款本息。A在败诉后，以公司无偿还能力为由拒不还款。B 向法院申请强制执行，此时才发现 A 的公司已经成为空壳，没有任何资产了。那次增资是 A 向中介公司的借款，增资成功的第二天 A 就将借款还给了中介。B 向这家中介进行求证，得到了肯定的回复。

现在的情况是，A 的公司只剩空壳，B 应该如何追讨 300 万借款呢？

首先确定 A 是否涉嫌抽逃出资。A 以借款方式向公司增资，随后又将增资款转出，既损害了公司权益，也损害了公司债务人 B 的利益，因此构成抽逃出资。

其次确定可否向法院申请追加 A 为被执行人。法院判决 A 的公司向 B 偿还借款，但执行期发现 A 的公司无可供执行财产用以清偿 B 的债务，符合追加被执行人的条件。而且 A 已经构成抽逃出资，应当对公司的债务在抽逃出资的范围内承担补充赔偿责任。

《最高人民法院关于适用〈中华人民共和国公司法〉若干问题的规定（三）》第十二条："公司成立后，公司、股东或者公司债权人以相关股东的行为符合下列情形之一且损害公司权益为由，请求认定该股东抽逃出资的，人民法院应予支持：（一）制作虚假财务会计报表虚增利润进行分配；（二）通过虚构债权债务关系将其出资转出；（三）利用关联交易将出资转出；（四）其他未经法定程序将出资抽回的行为。"

如验资完毕后，公司尚未展开实际经营，股东在很短的时间内以贷款、采购等名义将资金转走。面对这种情形，债权人应向法院申请，对虚构的贷款方、采购方进行询问调查，如证实是虚假交易，就可以证明股东构成抽逃出资。

《最高人民法院关于适用〈中华人民共和国公司法〉若干问题的规定

（三）》第十四条："股东抽逃出资，公司或者其他股东请求其向公司返还出资本息、协助抽逃出资的其他股东、董事、高级管理人员或者实际控制人对此承担连带责任的，人民法院应予支持。公司债权人请求抽逃出资的股东在抽逃出资本息范围内对公司债务不能清偿的部分承担补充赔偿责任，协助抽逃出资的其他股东、董事、高级管理人员或者实际控制人对此承担连带责任的，人民法院应予支持；抽逃出资的股东已经承担上述责任，其他债权人提出相同请求的，人民法院不予支持。"

《公司法》第二百条："公司的发起人、股东在公司成立后，抽逃其出资的，由公司登记机关责令改正，处以所抽逃出资金额百分之五以上百分之十五以下的罚款。"

《最高人民法院关于民事执行中变更、追加当事人若干问题的规定》第十八条："作为被执行人的企业法人，财产不足以清偿生效法律文书确定的债务，申请执行人申请变更、追加抽逃出资的股东、出资人为被执行人，在抽逃出资的范围内承担责任的，人民法院应予支持。"

控股股东做黑账

某广告公司共有A、B、C、D、E、L六名股东，其中L占股67%，是控股股东，也是法定代表人。其余五人都是中小股东，只有A和D在公司内部负责一些工作，C偶尔来公司看看，B和E什么都不过问，也不露面。

2018年12月，A和D突然发现一份法院传票，内容是本公司因欠债无力偿还被其他四家公司联合起诉。两人在震惊之余将这件事告诉了其他三人，五个人一起告知L，想要查询公司账目。但L告诉他们：公司经营一切正常，打些官司都是正常的，他们没必要操心。

B当场提出不同意见，认为如果公司经营正常，不可能欠债难还，还被起诉。他质疑L侵害公司利益，再次提出查阅公司财务账目。

L表示需要股东会同意，但随后一直不做明确回复，后来就不再接听几位小股东的电话了。几名小股东无奈之下几次联合要求查账，但L以各种理由搪塞，拒不合作。L说自己是掌握绝对控制权的大股东，斥责小股东们无权过问公司经营。

那么，公司中小股东是否有权查阅公司的财务账目呢？

很多公司在实际经营中实行所有权和控制权分离，小股东们并不直接参与公司的经营管理，这是对公司的一种保护。但小股东也因此很难了解公司的经营情况，在信息上处于不对称的劣势地位。有的公司甚至出现了控股股东为了达到一家独大的目的，利用自己的控制权弄虚作假、剥夺中小股东合法权益的情形。

如何保护中小股东的合法权益呢？《公司法》规定小股东可通过行使知情权掌握公司的财务信息，进而行使对公司的监督权。因此，股东知情权是股东依法了解公司的经营管理等重要情况或信息的权利，是股东依法行使资产收益、参与重大决策和选择管理者等权利的基础性权利，也是中小股东有效制衡大股东的合法方式。

《公司法》第三十三条："股东有权查阅、复制公司章程、股东会会议记录、董事会会议决议、监事会会议决议和财务会计报告。股东可以要求查阅公司会计账簿。股东要求查阅公司会计账簿的，应当向公司提出书面请求，说明目的。公司有合理根据认为股东查阅会计账簿有不正当目的，可能损害公司合法利益的,可以拒绝提供查阅,并应当自股东提出书面请求之日起十五日内书面答复股东并说明理由。公司拒绝提供查阅的,股东可以请求人民法院要求公司提供查阅。"

《公司法》第九十七条:"股东有权查阅公司章程、股东名册、公司债券存根、股东大会会议记录、董事会会议决议、监事会会议决议、财务会计报告,对公司的经营提出建议或者质询。"

《中华人民共和国会计法》第九条:"各单位必须根据实际发生的经济业务事项进行会计核算,填制会计凭证,登记会计账簿,编制财务会计报告。任何单位不得以虚假的经济业务事项或者资料进行会计核算。"

结合本案例,A、B、C、D、E作为小股东,只有通过查阅公司的原始凭证和记账凭证才能了解公司真正的经营状况,其查阅目的符合法律法规,因此有权查阅财务账目。之所以将原始凭证和记账凭证列入查阅范围,是因为这样做才能使股东知情权得到实质性实施,对公司的经营情况、财务状况有清晰地了解,也能最大限度地避免公司控股股东制作"黑账"。

股东之间矛盾无法调和

X公司的股东为A、B两人,A占股60%,B占股40%,A为公司的法定代表人及执行董事,B为公司监事。公司创立不到一年,两人因为经营理念不和就频发矛盾,其后数年间B一边隐忍,一边尝试各种解决办法,但A均不接受,还将B排除在管理层外。公司也连续三年不召开股东会。面对这样的局面，B应该怎么办呢？

合作创办公司的过程中难免会发生矛盾，但大多数矛盾都是可以调节的，毕竟合作各方都有将公司经营好的共同心愿。但不排除存在无法调解的矛盾，既然矛盾无法解决，那就不要再纠缠了，《公司法》中有关于公司解散的规定就是基于这种考虑。

根据《公司法》规定，持股超过10%就有权向法院申请解散公司。结合本案例，公司已经三年未召开股东会，股东A一家独大，不接受任何调解。即便召开股东会，因为股东只有A、B两人，在A无视B的情况下，B所依仗的"一票否决权"也发挥不出效力。因此，该公司的内部机制已无法正常运转，已经到了"经营管理发生严重困难"的程度，股东投资公司的目的无法达到，符合解散条件。

《公司法》第一百八十条："公司因下列原因解散：（一）公司章程规定的营业期限届满或者公司章程规定的其他解散事由出现；（二）股东会或者股东大会决议解散；（三）因公司合并或者分立需要解散；（四）依法被吊销营业执照、责令关闭或者被撤销；（五）人民法院依照本法第一百八十二条的规定予以解散。"

《公司法》第一百八十二条："公司经营管理发生严重困难，继续存续会使股东利益受到重大损失，通过其他途径不能解决的，持有公司全部股东表决权百分之十以上的股东，可以请求人民法院解散公司。"

需要注意一点，"公司经营管理发生严重困难"不应片面理解为资金困难、严重困损，主要侧重于企业在管理方面是否存在严重的内部障碍，如股东会机制失灵等。

《最高人民法院关于适用〈中华人民共和国公司法〉若干问题的规定（二）》第一条："单独或者合计持有公司全部股东表决权百分之十以上的

股东，以下列事由之一提起解散公司诉讼，并符合公司法第一百八十二条规定的，人民法院应予受理：（一）公司持续两年以上无法召开股东会或者股东大会，公司经营管理发生严重困难的；（二）股东表决时无法达到法定或者公司章程规定的比例，持续两年以上不能做出有效的股东会或者股东大会决议，公司经营管理发生严重困难的；（三）公司董事长期冲突，且无法通过股东会或者股东大会解决，公司经营管理发生严重困难的；（四）经营管理发生其他严重困难，公司继续存续会使股东利益受到重大损失的情形。股东以知情权、利润分配请求权等权益受到损害，或者公司亏损、财产不足以偿还全部债务，以及公司被吊销企业法人营业执照未进行清算等为由，提起解散公司诉讼的，人民法院不予受理。"

过早稀释大量股权

融资是企业得到快速发展的捷径，一笔笔大宗资金到位，企业可以尽情地实现预想。虽然融资金额越大，企业进阶速度越快，但融资金额越大，企业股权的流失速度也越快。很多企业经营者在融资时却并未注意这一点，只追求融资数额，很轻易就将所掌握的股权稀释掉了，这对后续融资和未来经营将产生非常不利的影响。

X创业公司得到W风投公司的青睐，注资1000万元，创始团队自愿出让51%的股权得到其中510万元作为投资款，另外490万元作为对创始团队的出资借款。八个月后，公司需要再进行融资，但W公司不想追加投资。创始团队无奈只好再寻找其他投资机构，第一个有意合作的是 V 风投公司，但当看到 X 公司的股权结构和公司章程的规定后，果断放弃了；第二个有合作意向的是 A 风险投资人，但其团队在对 X 公司做出全面评估后，认为股权结构方面不能满足己方需求，也放弃了。

问题一：W 公司为什么不愿意追加投资？

投资是为了获得回报，显性的回报是通过获取股份从而获得利益，隐性的回报是通过获得股份从而获得对所投企业的控制权。前者是投资成功后必然会得到的回报，而后者在投资成功后能否得到，取决于被投资企业对股权的设计和掌控能力。对于 W 公司来说，因为占据了 X 公司过半数的股份，在公司章程中也没有关于公司控制权的设定，因此仍然采用同股同权的方式分配股东的权力，这样的话，W 公司已经掌握了 X 公司的控制权，也就是说无论显性的回报还是隐性的回报 W 公司都得到了。X 公司的创始团队实际上已经成了高管团队，拿着 49% 的股权为公司打工。在这种情况下，W 公司可以决定是否追加投资，它认为暂时不追加，创始团队毫无办法。

问题二：V 公司和 A 投资人为什么放弃投资？

因为 X 公司的股权结构是 W 公司是占股比过半的大股东，也就是实际掌控方，创始团队只是小股东，已经不能掌控公司。虽然 X 公司的产品理念与经营模式都由创始团队操作，但因为它不能掌握公司，无法保障自身利益，更不能保障后投机构的利益。因此，V 公司和 A 投资人如果投资，实际上是投给了 W 公司，属于白拿钱没权利的一方。

问题三：创始团队是否有机会重新掌握 X 公司呢？

通过上述分析可知，W 公司已经成为 X 公司的大股东，而 X 公司章程并未对公司股权进行特别规定，也没有对控制权进行特别约定。在合法的情况下，W 公司已经掌握了 X 公司的控制权，创始团队没有机会重掌公司了。

股权是企业的核心资源，决定着掌控权。如果创始人/团队因为融资而过早稀释掉大量股权，会导致创始人/团队丢掉对企业的控制权。因此，在面临必须融资和保护控制权的矛盾时，最好的方法是预留股权池，作为未来进一步融资和吸纳合伙人的空间。此外，在融资时不可过于急躁，不能做出"以股权换资金"的短视行为，否则就成了"为他人作嫁衣裳"。

股东私自转让股权

在公司经营过程中，股东想要转让股份的情况并不少见，有的股东会依法通知其他股东，有的股东则不会，罔顾法纪自行将股份转让给公司以外的第三人。

2017 年，A、B、C 三人共同出资创办了一家有限责任公司，主营食品加工。其中，A 占股 52%，B 占股 20%，C 占股 28%，A 为公司总经理和法定代表人。经营仅两年，公司效益不见起色，C 决定将自己的股份卖掉，并联系了买受人 D。双方谈妥价格，并在签订《股权转让协议》后，C 才电话告知 A 和 B。

A 劝说 C 不要退出，公司已经度过了最困难的阶段，接下来会越来越好的。但 C 表示一定要退出，不仅是因为赚不到钱，还因为与 A 经常意见相左，不想再继续合作了。A和B进行商讨，不希望D加入，两人决定收购C的股份。依然被C拒绝了，理由是已经和D签订了《股权转让协议》，转让款都收到了，不可能再退钱给D。

A和B认为公司章程未对股权转让另有规定，则他们有权不承认C与D签署的《股权转让协议》，准备向法院提起诉讼。那么，A和B的想法正确吗？他们有机会打赢官司吗？

《公司法》赋予股东三项基本权利：表决权、否决权、优先购买权。优先购买权就是股东在同等条件下可以优先从其他股东手中购买本企业股权的权利。

本案例的主体是有限责任公司，股东要想进行股权转让，必须遵守法律规定或公司章程的规定。

《公司法》第七十一条："有限责任公司的股东之间可以相互转让其全部或者部分股权。股东向股东以外的人转让股权，应当经其他股东过半数同意。股东应就其股权转让事项书面通知其他股东征求同意，其他股东自接到书面通知之日起满三十日未答复的，视为同意转让。其他股东半数以上不同意转让的，不同意的股东应当购买该转让的股权；不购买的，视为同意转让。经股东同意转让的股权，在同等条件下，其他股东有优先购买权。两个以上股东主张行使优先购买权的，协商确定各自的购买比例；协商不成的，按照转让时各自的出资比例行使优先购买权。公司章程对股权转让另有规定的，从其规定。"

结合本案例，既然公司章程没有其他规定，而A、B两位股东不同意C转让股份，则其与D签署的《股权转让协议》是无效的，也就无法完成股权变更。

但是，第三人 D 并不是一点权利没有。《股权转让协议》是其与出让股权的股东 C 自愿签订的，D 并不清楚 C 与公司其他股东之间的关系和协定，因此该《股权转让协议》虽然无效但已经成立，且在 C 与 D 之间形成法律效力。此时，D 虽然没能得到股权，但可以根据签署的《股权转让协议》要求 C 进行赔偿。

《民法典》第一百五十六条："民事法律行为部分无效，不影响其他部分效力的，其他部分仍然有效。"

《公司法》第七十二条："人民法院依照法律规定的强制执行程序转让股东的股权时，应当通知公司及全体股东，其他股东在同等条件下有优先购买权。其他股东自人民法院通知之日起满二十日不行使优先购买权的，视为放弃优先购买权。"

夫妻一方转移和隐匿财产

在婚姻存续期间，夫妻一人或二人在公司中占有股权，除非有夫妻财产协议进行约定，否则无论股权登记在谁名下，均属于夫妻共有。在夫妻婚姻不能继续时，对于夫妻共有财产的分割会出现比较复杂的局面。因为双方感情已经破裂，其中一方私自转移财产、隐匿财产的情况也时有发生。

A 先生与 C 女士于 2009 年结婚，婚后创办了一家运输公司，后因资金和经营需要又引入了 E 先生。其中，A 先生占股 45%，C 女士占股 25%，E 先生占股 30%，由 A 先生担任公司董事长和法定代表人。

2012年，C女士因怀孕从公司管理层退出，依法将自己持有的股份转让给丈夫。七年后，A先生情变，C女士挽救婚姻不成，提出离婚。2020年3月，C女士向法院提交离婚起诉书。法庭之上，A先生出示的工商登记材料显示，其已在两个月前将股份转让给自己的父亲，并办理了工商变更登记。

C女士认为，丈夫转让股份的行为属于恶意转移财产，她准备向法院申请撤销A先生与其父签订的《股权转让协议》。

本案中，C女士可以向法院申请撤销得利方（A先生与其父）签订的《股权转让协议》，原因有三：

（1）夫妻关系存续期间的财产属于夫妻共同财产，对夫妻共同财产的处分属于夫妻之间的重大事项，应取得夫妻双方的一致意见；

（2）A先生在婚姻存续期间擅自处分股权的行为属于效力待定行为，即以妻子C女士是否同意来判定，该案中C女士明确表示不同意A先生单方处分股权，则该股权转让行为属于无权处分；

（3）在A先生转让股权期间，其父明知其子与儿媳即将离婚，也就不符合善意第三人身份，因此A先生与其父的股权转让行为属于恶意串通，损害了C女士的合法利益。

《民法典》第一百四十六条："行为人与相对人以虚假的意思表示实施的民事法律行为无效。"

《民法典》第一百五四十条："行为人与相对人恶意串通，损害他人合法权益的民事法律行为无效。"

《民法典》第一百五十五条："无效的或者被撤销的民事法律行为自始没有法律约束力。"

《民法典》第一百五十七条:"民事法律行为无效、被撤销或者确定不发生效力后,行为人因该行为取得的财产,应当予以返还;不能返还或者没有必要返还的,应当折价补偿。有过错的一方应当赔偿对方由此所受到的损失;各方都有过错的,应当各自承担相应的责任。法律另有规定的,依照其规定。"

《民法典》第一千零六十二条:"夫妻在婚姻关系存续期间所得的下列财产,为夫妻的共同财产,归夫妻共同所有:(一)工资、奖金、劳务报酬;(二)生产、经营、投资的收益;(三)知识产权的收益;(四)继承或者受赠的财产,但是本法第一千零六十三条第三项规定的除外;(五)其他应当归共同所有的财产。夫妻对共同财产,有平等的处理权。"

《民法典》第一千零六十三条:"下列财产为夫妻一方的个人财产:(一)一方的婚前财产;(二)一方因受到人身损害获得的赔偿或者补偿;(三)遗嘱或者赠与合同中确定只归一方的财产;(四)一方专用的生活用品;(五)其他应当归一方的财产。"

《民法典》第一千零九十二条:"夫妻一方隐藏、转移、变卖、毁损、挥霍夫妻共同财产,或者伪造夫妻共同债务企图侵占另一方财产的,在离婚分割夫妻共同财产时,对该方可以少分或者不分。离婚后,另一方发现有上述行为的,可以向人民法院提起诉讼,请求再次分割夫妻共同财产。"

大股东意外身故

X公司于2010年由A、B、C、D四兄弟共同创立，A为大股东，持股67%，并担任公司董事长和法定代表人。

正在公司蒸蒸日上之际，A于2017年突发心肌梗死离世。小A是A的独子，刚刚大学毕业。B、C、D三人一起找大嫂——A的妻子探讨公司的未来，在A的妻子表示放弃股权继承资格后，小A找到B、C、D三人，提出继承父亲的股份和职务，希望公司予以协助。但B、C、D三人认为小A太年轻不足以担起重任，提出分期兑现给小A现金以收购其大部分股份的建议。

在父亲突然离世，母亲又表示放弃股权继承的情况下，小A是否有资格继承父亲在X公司的股份和职务呢？

《公司法》第七十五条："自然人股东死亡后，其合法继承人可以继承股东资格；但是，公司章程另有规定的除外。"

结合本案例，只要A在公司的股份属于生前合法财产，应当被认定为遗产，股东在公司的股东资格应由其法定继承人继承。法律这样规定的初衷是考虑以人为主，被继承人作为公司股东，对公司做出贡献，其法定继承人理应享有继承股东资格的权利，这也符合我国传统。

但法定继承人是否能顺利继承还有前提，即公司章程中对继承事宜没有特别约定,如某公司的公司章程中就有明确约定"股东离任、伤残、死亡后,法定继承人不全部享有对其股份和职位的继承资格,该股东的股份由其他股东按照股东离任、伤残、死亡当日股价的溢价 20% 收购,收购数量为该股东全部股份的至少半数;若收购半数后该股东的股份仍超过公司总股本的 10%(不含),则继续溢价收购,直至该股东剩余股份数量低于公司总股本 10%(不含)"。

而 X 公司的公司章程中并未对继承事宜做特别约定,那么小 A 可顺利继承其父在公司的股份和职务。继承发生后,小 A 自然就获得了股权延伸出的财产权、管理权等,即使其他股东反对也无法改变继承的事实。

《最高人民法院关于适用〈中华人民共和国公司法〉若干问题的规定(四)》第十六条:"有限责任公司的自然人股东因继承发生变化时,其他股东主张依据公司法第七十一条第三款规定行使优先购买权的,人民法院不予支持,但公司章程另有规定或者全体股东另有约定的除外。"

《公司法》第七十一条第三款:"股东应就其股权转让事项书面通知其他股东征求同意,其他股东自接到书面通知之日起满三十日未答复的,视为同意转让。"

中部　股权激励

第五章
股权激励的刚性模式

　　股权激励的实质是对人力资本的确认。人力资本具有无形性、增值性、人身专属性、相互差异性、不可压榨性等。因此要采用不同类型的股权激励模式与人力资本进行链接，使得激励对象与企业利益深度绑定、风险共担，激励对象能够为企业整体利益和长远利益更为努力付出。

期股：先得股权，多转少补

期股是企业向激励对象提供的一种许诺式股权激励，其实行的前提条件是激励对象必须先购买本企业相应份额的股份，或由企业出资、或由企业贷款给激励对象作为其购买企业股份的出资。

得到期股的激励对象对所持期股拥有表决权和分红权，但暂时没有所有权，只有将所购买期股的贷款全部还清后，才能实际拥有。虽然表决权和分红权是实的，但是激励对象不能立刻拿走分得的红利，需要用此来偿还购买期股的欠款（即企业所付的直接出资或贷款），直到偿清为止。

因此，要想将期股变为实股，需要确保企业的收益达到条件，余出可供分配的红利。如果企业收益达不到条件，不仅期股不能兑换成实股，激励对象的原投入也将亏掉。

某公司是一家高科技企业，有自主研发的高科技产品，目前员工200余人，年销售额过亿元。借助发展的良好势头，公司决定进行股权激励，激励的对象为三名高管人员、三名技术骨干和三名销售骨干。

这九个人合计出资120万元投入到企业作为实股。其中，三名高管各出资20万元，其他六人各出资10万元。出资后，每个人除了拥有实际出资额的实股，还配得出资额4倍的期股，即三名高管各持有20万实股和

80万期股，六名骨干各持有10万实股和40万期股。相当于公司一次性借给了每名高管80万元、每名骨干40万元，条件是他们要帮助公司达到经营条件，否则该"借款"不能正式获得。

以其中一位高管A为例对此次股权激励的具体实施进行阐述。A不能以现金形式领取红利，而要将红利放在公司，用于把相同金额的期股转化成实股，转化期为3年。转化条件是：公司每年净资产收益率达到33.3%。此时，A的80万期股平均每年能获得26.7万元（A的期股总额×企业净资产收益率）的红利。

但是，如果企业年净资产收益率达不到33.3%或者超过33.3%，该如何进行期股转化呢？

比如企业年净资产收益率只有22%，A的期股红利只有17.6万元，距离26.7万元还差9.1万元。此时需以A所持的实股红利（20万元×22%=4.4万元）来补充。仍然不足的部分，需要个人出资填补，才能进入下一年度计算。

再如企业净资产收益率达到了42%，A的期股红利达到了33.6万元，比26.7万元多出了6.9万元。这部分多余红利不能立即变现，要转入下一年计算。

经过三年的"多转少补"后，A的期股顺利完成转化，才能成为实股。如果企业一直持续增长，A所持有的实股将超过100万股。再经过两年的审计，确认A在被激励的任期内没有重大决策失误和过失，他所拥有的这部分实股就会生效，可以自由支配。

通过本案例可以总结出期股的三大优点：

（1）股票增值与企业增值成正比关系。企业效益提高，企业资产增值，个人所持有的期股也将增值，这将促使激励对象更加主动地参与到企业经营和长远计划中。

（2）股票来源多样性。期股既可以通过个人出资购买，也可以通过贷款获得，对于购买股票资金不足的激励对象非常有利。

（3）激励对象的股票收益中长期化。可以是任期届满或任期届满后若干年一次性兑现，也可以是每年按一定比例匀速、加速或降速兑现。无论采取哪种兑现方式，都能做到避免一次重奖暴富的情况，可以缓解管理者与员工因工资差异过大而造成矛盾。

股票期权：先有收益，再投资购股

已知期股是先出资后得收益的股权激励方式。正是因为要先出资，激励对象的内心会有不确定性，如果企业经营不好，那么自己将遭到经济损失，这是很现实的问题。企业经营有很多不确定因素，这与人们希望经济利益得到足够保障的心理是相悖的。因此，如果能让激励对象先看到收益再投资购入股份，不失为更好的选择。

股票期权就是这样的模式。期权就是选择权，即赋予激励对象选择的权利，可以选择购买企业股票，也可以选择放弃购买。因此，股票期权不是责任，而是权利。

股票期权也称为"认股权证"，是指激励对象在交付了期权费后，在规定的时间内（行权期）以协议约定好的价格（行权价），购买一定数量的本企业的流通股票（行权）。

具体实施方式是：企业向激励对象发放期权证书，并承诺在一定期限内或协议的条件达成时（如净利率增长率得到保障、开发出新一代产品、成功上市等），激励对象可以以较低的价格购买股权。

某公司最近两年净利润大幅增加，为了回报员工的付出，公司董事会审议通过了一份股权激励计划，拟定对公司高管和核心技术人员定向发行100万份公司股票期权。

行权资金的来源分为两部分：一半由激励对象自筹，另一半以激励对象的工资为担保向公司贷款。

行权条件有三项：①激励对象在行权的前一年度绩效考核必须合格；②连续两年公司扣除经常性损益后的加权净资产收益率不低于15%；③行权员工最近三年没有出现过重大违规违纪行为。

该激励方案施行后，管理层的积极性和能动性得到很大提升，公司当年的净利润增长率达到了37.5%，比未激励之前的年复合增长率提高了6.5%。

通过本案例可以看出，股票期权激励对企业和员工都产生了积极作用。下面总结股票期权的四大优点：

（1）保证企业良好增长性。激励对象可以预见到未来的收益，能够更加努力地帮助企业实现目标，从而帮助自己达到可行权的条件。

（2）吸引外部人才。能够将激励对象的利益与企业的长期利益相捆绑，稳定内部人才队伍，也可以强挖外部人才。

（3）降低激励对象的资金压力。在只拥有期权期间激励对象不用付出任何资本，在行权出资时也可以工资担保的形式先行得到股权。

（4）将激励对象的经济风险降到最低。企业将股权以较低价格卖给激励对象，当行权时股价下跌，激励对象可选择放弃，所以损失极小，甚至零损失。

股票期权的激励模式适用于三类企业：①企业所在行业竞争激烈的，以触发员工锐意进取精神；②企业成长性良好的，激励员工更迅速地扩展市场；③人力资本依附性较强的，能更好地使人才与企业产生黏性。

业绩股票：绩效制股份激励计划

20世纪的最后一年，北京一家软件开发公司向核心董事、监事和高管人员实施了一项股权激励计划。规定以年度为时间单位进行一次性奖励，按照税后利润以1.5%的比例进行提取（其中的70%用作对董事和高管的激励，剩余的30%用作对监事的激励），发放则采取20%现金＋80%股票的形式。

这种激励模式就是业绩股票，也称为"绩效股份计划"。是一种非常典型和常见的股票激励模式，通常是在某个时间点企业设定一个合理的业绩目标，在另一个时间点如果激励对象达到了该预定目标，则企业会授予之前约定好的股票份额，或者提取出一定的奖励基金购买企业股票再授予激励对象。

因此，业绩股票常被看作一种短期激励方式，很多企业在具体操作中也将其用以实现短期关键目标。如果期满时，激励对象未能实现企业预定的目标，则当初被许诺的业绩股票不会得到兑现。

实际上这种激励方式并非只适用于短期激励，中长期激励也通常适用。因为业绩股票的流通变现通常有时间和数量的限制，如果事先确定的绩效目标是长期的，比如三年或五年内达到，则激励对象要在若干年内连续地通过业绩考核，才能获准兑现规定比例的业绩股票。

某公司为了有效激励销售骨干，经董事会提议和股东大会表决，决定对销售总监和大区经理实施业绩激励。具体实施分为完成销售业绩、未完成销售业绩和超额完成销售业绩三种：①如果销售部门在 2018 年底完成 8000 万销售利润，则奖励销售总监 40 万元，奖励销售骨干每人 18 万元，作为购买公司股份的资金；②如果只完成了 90% 销售利润（含 90%），则奖励递减 10 个百分点，向下以此递减。若低于业绩目标的 60%，则没有奖励；③如果超额完成销售目标，超额 10%，则在 40 万元的基础上增加 10% 的现金奖励，向上以此递增。

所有奖励都转化为购买股份的基金，股价以 2018 年年初的价格为准。假设 2018 年年初的公司股价为每股 4 元，如果年底销售部门完成了 7200 万销售利润，则销售总监只能获得 9 万股（销售利润完成 90%，奖励也只有 90%——即为 36 万元，除以每股 4 元，所得为 9 万股）。如果年底销售部门完成了 8800 万销售利润，则销售总监将获得 10 万股，同时还会获得 4 万元的现金奖励（销售利润完成了 110%，获得满额 40 万元奖励的 10%——即 4 万元现金奖励）。

本案例中的公司采用"业绩股票 + 股票期权"的方式实施股权激励，一方面能够有效激励销售团队的积极性，另一方面可以控制股份授予的上限。但是，该公司的业绩股票激励为期一年，属于短期激励，激励缺乏持续性。因此，在实施业绩股票激励时，还需要了解该种模式的优势和缺陷，以便能更好地运用。

其优势有四点：①激励作用明显，见效快。因为业绩是很直观的指标，激励对象更有动力为之努力，以便早日获益；②对激励对象的约束性强。激励对象很清楚要想获得奖励就要努力实现业绩；③可操作性强，不复杂。只需股东大会通过就能实施，而且计算方法相对简单；④可以持续激励。每一次激励之后，可以进入第二轮激励，滚动操作。

其缺陷有两点：①业绩目标难以界定。在制定业绩目标时，缺乏科学合理性将严重损害激励效果。业绩目标设定过高，跳起来也够不着，会伤害激励对象的工作积极性，激励成了空谈。业绩目标设定过低，躺着就能够着，将对企业经营造成巨大损失，激励成了笑话；②激励成本较高。不断地激励，会给企业造成现金压力，因此该激励方式并不适合经常使用，只能在必要时采用，且只适用于业绩稳定、现金流充足、发展前景良好的企业。

延迟支付：将薪酬兑换为股票

这种股权激励形式是企业为激励对象设计的系列收入计划，主要针对企业高级管理人员。企业将管理层的部分薪酬（年度奖金、年终分红、前期股权激励收入等）按照当日企业股票的市场价格折算成相应的股票数量，存入企业为管理人员单独设立的延期支付账户中。到达既定期限或者激励对象退休后，再以企业股票或根据期满时股票市场价格以等价现金的方式支付给激励对象。

激励对象在延期支付中获得的收入主要来自两个部分：一是股票自身的价值，二是几年内企业股票市场价格增值的部分。

比如，X公司施行延迟支付股权激励，赠与某激励对象120万股股票，每股价格2元，延迟五年支付，每年可行权20万股。第一年股价上涨到2.4元/股，如果全部行权，激励对象可获得48万元；第二年股价上涨到3元/股，如果全部行权，激励对象可获得60万元。这五年中股价在不断变化，激励对象必须努力工作，以求企业股价提升，自己才能获利，如果股价下降，自己的获利将会减少。

可见，延迟支付的股权激励计划让激励对象与企业的利益产生关联，希望自己获利的前提是保证企业有更大的获利。因此，该激励方式将对管理层的短期现金激励拉长为长期股权激励，能够激励管理层从企业的长远利益出发，避免管理者的"短视"。而且，这类股权激励方式能将激励对象的部分资金以股票形式授予，具有减税作用，也对激励对象有一定的吸引力。

通过以上阐述可以看出该类股权激励的优点，那么缺点有哪些呢？因为二级市场具有不确定性，激励对象无法即刻将股票兑现为现金，持股过程具有一定的风险，会让持股人（激励对象）对激励的效果产生怀疑，导致激励效果打折。一旦产生激励不到位的局面，势必会影响激励对象的工作热情。因此，在激励之初企业应与激励对象签订协议，明确约定如果是市场突发因素或环境不可控因素，导致企业利益受损，与激励对象无关。如果因为激励对象工作不力或重大失职导致企业利益受损，可以根据损失情况决定减少或取消延期支付的收益，甚至予以一定金额的惩罚。

某上市公司决定执行延期支付的股权激励计划，授予对象为11名核心高管，延期时限为三年。按照公司当年的业绩表现，核算出一定的股权累积金。同时，公司与11名激励对象签订了相关协议，规定若因为激励对象自身原因导致企业目标无法达成，则此次激励计划不予执行。

三年后，激励对象行权时，公司股价已从当初的每股15.5元上涨到26元，激励计划顺利执行，激励对象得到了丰厚的收益，此次股权激励计划获得了成功。

延期支付是一种有效的激励模式，更适合有着长远发展规划的上市企业或准上市企业。

干股：享受"终身制"分红权

干股是能够享受到分红权的股份，激励对象如果获得了企业干股，就会得到应有的分红收益。但干股只有分红权，没有所有权和表决权，干股持有者在企业被称为"干股股东"。

干股的作用有三点：①企业创始人的酬劳；②赠送企业的骨干人员；③用以吸纳对企业至关重要的人才。因此，纯粹意义上的干股是不存在的，是企业出于某种目的无偿赠送给激励对象的股份。但赠送干股会涉及股东权益，因此必须经过企业董事会同意。因为干股是企业内部自发行为，因此干股的合法性与赠与协议息息相关：

（1）协议取得，无偿赠与，而非出资购得。

（2）以有效的赠与协议决定干股的取得和存在。

（3）干股股东资格的确认完全以赠股协议为准。

（4）干股受到无偿赠与协议制约，协议的内容应在公司章程中体现。

（5）干股股东具备哪些权利和义务，以赠股协议规定为准。

（6）赠股协议若被撤销、解除或失效，则干股股东资格自动失去。

干股可能因为个人的技术才能获得，可能因为个人的销售才能获得，可能因为个人的经管才能获得，也可能因为其他原因获得。无论因为哪一种或哪几种原因，干股的取得只能是三种形式：

（1）可以是企业部分股东或全体股东对非股东的赠与。

（2）可以在企业创立时取得，也可以在企业存续期间取得。

（3）可以是附加条件中的股份赠与，可以是未附加条件的独立股份赠予。该取得形式的关键在于所附条件是否能成就，因此将影响到工商机关登记变更，客观上需要法院判决后，工商机关再依判决变更登记。

在联想集团每年的可分配利润中，中国科学院占20%，计算机所占45%，联想的管理层和员工占余下的35%。这35%的股份就是联想对管理者和员工的干股激励，但激励对象并未真正拥有各自所分红干股的所有权。

干股股权激励并非大企业专享，中小企业同样可以借此激励优秀员工。下面是一个更为具体的案例：

某公司的业务经理因为带队能力出色，被公司奖励5%的干股股份，规定每年年底领取分红。2020年，该公司用于分红的金额是150万元，该经理可凭借5%的干股股份获得7.5万元奖励。但是，干股股份既不能转让,也不能带走,若该经理因个人原因辞职,则干股股份自动取消。因此,该经理想要长期享有干股分红,就必须长期留任公司。而且随着公司业绩增长,该经理的干股分红将随之增加。

由此可见,干股有着很明显的调动激励对象工作积极性的作用,初创型企业为了留住人才,多数会采取这种激励模式。但授予干股股份的比例必须科学,不能影响到企业的正常运营。如果所赠干股超过企业实收资本或者占据企业实收资本比例过大,就会形成"掺水股",使企业股价减少和每股收益减少。

最后强调一点,赠送干股对当下股东的利益有不小的影响,但如果让企业所有人看到股权激励对企业发展和整体利益带来的好处,那么股东们会愿意牺牲当下利益。

虚拟股票:分离所有权与收益权

2011年,广东省中国旅行社由于长期经营方向不明确,导致业务分散,竞争力低下,市场份额持续减少,员工人心不稳。为了凝聚力量,提高员工的工作积极性和对企业的依附感,公司经研究决定实施虚拟股票期权激励计划。该激励计划得到了公司内部的一致认可,大家看到了公司的真诚和决心,因此干劲大增。经过全体员工的共同努力,公司不仅扭亏为盈,且逐步恢复了在行业中的竞争力。

所谓虚拟股票,顾名思义不是真正的股票,是企业授予激励对象的一种虚拟的"股票"。这类"股票"不在企业股票总量以内,因此又称为"红利股"。

实施虚拟股票激励,不影响企业总资本和股权架构。在企业内部根据规章协议规定,虚拟股票同注册股票享有同样的收益权,也就是说在企业实现了业绩目标后,激励对象可凭虚拟股票享受分红权和股价升值收益。企业业绩越好,激励对象的收益就越多。但虚拟的股票与实际股票是有差异的:持有虚拟股票的激励对象只享有分红权,没有表决权和所有权,更不能转让和出售;在持有者离开企业后,虚拟股票会自动失效。

这种虚拟股票形式有助于避开因市场不确定因素造成的股票贬值,对股票持有者也是有利的。当然,激励对象出于对获得分红的考虑,会过分关注企业的短期利益。并且在企业业绩达到以后,企业是必须兑现分红承诺的。虚拟股票的分红有三种形式:①现金形式;②等值股票(注册股票)的形式;③现金＋等值股票(注册股票)的形式。无论采用哪种形式,因为激励对象等待分红的意愿强烈,会导致企业短时间内承受相当大的支付压力。

综合上述相同点与差异点、优势和缺陷可以得出,虚拟股票更适合现金流量比较充裕的上市企业或非上市企业。尽管虚拟股票只是一种利益驱动下的红利政策,但没有丢失企业决策权的风险,并且在实施过程中无须激励对象实际出资购买,对激励对象是无压力的,只要努力工作,达到业绩目标就可以获得收益。所以,这种形式的激励对企业和员工是双赢的,只要企业现金流充足就可以实施。

某大型销售公司为了提升凝聚力,在公司内部试行《虚拟股票赠予与持有激励计划》,授予对象主要为公司的高级管理人员和业务骨干。具体方式是：按规定每年给员工奖励基金，但不能实际授予，而要转换为公司的虚拟股票授予激励对象持有，再在规定的期限内按照公司的股票价格以现金形式分期兑现。执行流程分为八个步骤：

第1步：设立奖励基金作为实施虚拟股票激励的资金来源。

第2步：确定每年度提取的奖励基金总额。

第3步：确定公司虚拟股票的初始价格，及公司每年发放虚拟股票的总股数。

第4步：与激励对象签订协议，约定授予数量、行权时间、行权条件、分红周期等。

第5步：对激励对象进行综合考核，确定其评价系数（虚拟股票的分配比例系数）。

第6步：确定激励对象的评价系数与公司系数的分配数量。

第7步：确定激励对象所能获得的虚拟股票的数量。

第8步：虚拟股票最终兑现。

激励对象在被授予并持有虚拟股票的规定期限内，逐步将所持虚拟股票转换为现金予以兑现，转换价格以企业当时的真实股价为基础。虚拟股票因为会给企业造成现金压力，因此并不适合现金流不充足的企业，实施激励之前必须对企业的现金储备有充分了解。

股票增值权：模拟股票认购权的方式获得

所谓"股票增值权"，是从初期企业授予激励对象股票开始，到期末企业股票增值的部分。计算方式是：

期末企业股票市值－期初约定价格＝期末企业股票增值部分

股票增值权是企业授予激励对象的一种权利，激励对象不需要实际购买本企业股票，而是由企业按照激励标准将一定比例的企业股票增值权授予激励对象。相当于激励对象通过模拟股票认股权的方式获得，因此授予股票增值权不是让激励对象真正拥有企业股票，而是只拥有股票的增值权，不拥有股票所对应的所有权、表决权、配股权、分红权。

行权时需按照授予日净资产值为虚拟的行权价格，在规定时段内根据激励对象持有的股票增值权份额，计算出所对应的净资产的增加额度，获得由企业支付的行权收入（现金或相应金额的股票），计算公式如下：

激励对象所得的激励金额＝期末企业股票增值部分 × 企业授予个人的股票增值权份额

如果行权期内企业股价上升（企业授予的股票增值权的股票价格高于授予日净资产值），激励对象可选择兑现权利，获得股价升值带来的收益。如果行权期内企业股价下跌（企业授予的股票增值权的股票价格低于授予日净资产值），激励对象就自动失去激励资格，可以进入下一轮激励周期内（见图5-1）。

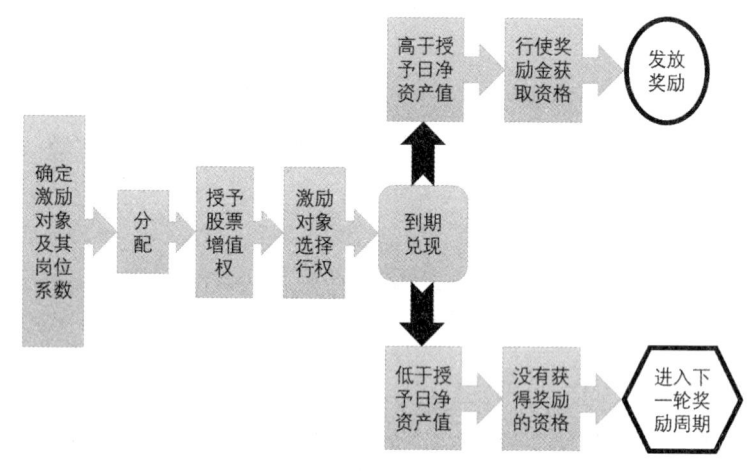

图5-1 "股票增值权"激励流程

在我国，直接应用股票增值权的企业并不多，而是账面价值增值权的模式运用较多。但仍不乏经营良好的企业运用该模式，但这些企业几乎都是上市企业，比如中国石油化工集团。

2000年10月，中石化在香港上市发行H股，与此同时集团内部对480名高级管理人员实施股票增值权激励计划。股票增值权的数量为2.517亿H股，行权价设定为H股IPO上市价（1.61港元）。激励计划期限为五年，但在三年后即可行权。其中，第三年和第四年的行权比例达到30%（激励对象被授予股票增值权数量的30%），第五年行权比例则是40%。

中石化这次股权激励是成功的，到第三年时（2003年10月），港股达到了3港元左右，第五年时则逼近4港元。中石化按照当时港股价格减去当初设定的1.61港元的行权价，然后按照比例授予激励对象现金奖励。有意愿继续持有公司股票的，中石化将激励对象的个人所得收益折合成相应的中石化港股股份进行授予。

总之，股票增值权是一种因企业业绩提升带动企业股价上涨，进而带来利润收益的股权激励方式。上市企业在进行此种股权激励模式时，必须考虑企业盈利能力和股价波动等因素。非上市公司因为难以进行合理的估值，股票价格也难以准确确定，所以通常只有即将上市的企业才会采取股票增值权进行股权激励。

账面价值增值权：以每股净资产作为参照

账面价值增值权是企业以每股净资产的增加值来激励企业高管、董事、技术骨干、特殊人才等。比较适合非上市企业，因为在企业的财务指标中，每股净资产通常是指股东权益与股本总额的比率，以公式表示为：

每股净资产＝股东权益 ÷ 总股本

所以，账面价值增值权反映的是企业的业绩水准，即每股净资产越高，企业的盈利能力越强，股东享受到的权益越大。

注意，这种增加值不是真正意义上的股票，因此激励对象并不具有所有权、表决权和配股权。但这种激励方式却可以有效避免股票市场因素对股价的影响，因为激励对象最终能得到的奖励和股价并不相关。

具体的操作方式有两种，一种是购买型，一种是虚拟型。

激励对象在激励计划执行之初，按每股净资产值实际购买一定数量的企业股份，到期后再按每股净资产期末值回售给企业。这是购买型操作。

激励对象在激励计划执行之初，不用实际出资就被企业授予一定数量的名义股份，到期后根据企业每股净资产的增量和名义股份的数量来计算收益，企业据此向激励对象支付现金。这是虚拟型操作。

江苏中盈在2012年采取账面价值增值权的形式实施股权激励，具体如下：

自2012年开始，公司每年拨出一定比例的税后利润成立基金项目，作为企业实施账面增值权激励计划的资金来源。此次股权激励的对象为公司高管、技术骨干和其他部门的业务精英。此次股权激励的授予总额为公司注册资本的10%，即100万股。行权价格以2012年的每股净资产为基准，计算后得出每股净资产为2元，即行权价格确定为2元。行权时间自2012年起至2014年止，每年的行权比例分别为3：3：4。

此案例看起来更像是期权激励模式，但因为参照价格的不同，演变为了账面价值增值权模式。在股票期权的模式下，如果期权的授予价格是按照股票的每股净资产，而不是按照股票的二级市场价格来定，同时行权时期的行权价格是按照当时的每股净资产，也不是按照二级市场价格来定。那么，在这种情况下（授予价格和行权价格都按照每股净资产），股票期权模式在实质上就成为账面价值增值权模式。

正是因为以每股净资产作为参照价格，而一家企业的每股净资产的增加幅度通常很有限，无法充分利用资本市场的放大作用来提升激励价值，因此，这种激励模式更适合那些现金流量比较充裕、股价相对稳定的非上市企业或上市企业。

最后还要强调一点，账面价值增值权是不能流通、转让和继承的，员工离开后将会失去其权益，因此该激励模式有利于稳定员工队伍。

限制性股票计划：加上"禁售"和"解锁"条件

限制性股票的关键点在"限制性"上，虽然每一种股权激励模式都不是无偿就能获得的，都需要一定的条件作为约束，但限制性股票激励的条件更为精准，且监管力度更强，是一种对激励对象很有管控作用的股权激励方式。

所谓"限制性"，通常是对激励对象的两方面限制：一方面是工作年限的年制；另一方面是企业业绩的限制。

限制性股票是企业按照预先确定的条件，授予激励对象一定数量的企业股票，但激励对象不得在股权激励计划中规定的条件满足前处置股票，只有在规定的工作年限达到后或完成特定业绩目标后，方可出售企业授予的限制性股票，从中实现获益。

如果激励对象未能满足激励条件，则企业有权将免费授予的限制性股票直接收回，或以激励对象购买时的价格进行回购。

对于上市企业和非上市企业来说，这种股权激励方式分别叫作"限制性股票"或"限制性股份"。企业采取限制性股票的目的是激发激励对象的工作热情和对企业长期目标的关注度。

在我国，上市企业在授予限制性股票时，需要遵守《上市公司股权激励管理办法》的规定，因此上市企业在设计限制性股票激励方案时，对获得的条件只能局限于企业的相关财务指标和数据。《上市公司股权激励管理办法》还规定了实施限制性股票激励时应当设置禁限售期，上市企业需根据自身需求设定禁售年限和其他成熟条件。因此，实施限制性股票时需要注意以下几个环节：

（1）授予日：正式授予激励对象股票的日期，前提是激励对象须达到激励计划规定的条件。

（2）禁售期：是指激励对象在获得限制性股票后，不得通过二级市场或其他形式将限制性股票进行转让的期限（根据相关规定，禁售期不得低于一年）。

（3）解锁期：只有企业业绩达到激励计划中规定的条件后，持有限制性股票的激励对象方可按照要求分期解锁，出售这部分股票。

（4）纳税：实际解锁之日为限制性股票所得利益的纳税义务发生之时，按限制性股票对应的二级市场的股票价格，计算个人所得税。

某公司在"新三板"挂牌后，为了更快速地发展，尽早转为主板上市，决定执行限制性股票激励计划。在计划中，公司决定以定向发行的方式授予激励对象150万股限制性股票，占公司总股本的9.26%。其中，首次授予100万股，预留出50万股于首次授予日后的24个月内再次授予。

这些限制性股票的限制条件很明确，从激励计划实施开始后的三年中，每年归属于母公司的扣除非经常性损益后的净利润收入分别不能少于500万元、800万元、1200万元，而限制性股票解除限制的比例均为30%。

也就是说，该公司的限制性股票的解锁期分别为 12 个月、24 个月、36 个月，净利润必须对应为 500 万元、800 万元、1200 万元。

可见，在实施限制性股票激励时，必须有十分明确的条件，除有时间限制外，还要有业绩限制，只有达到了全部条件后，激励对象才能行权。

第六章
股权授予的弹性方案

企业经营的核心在于经营人，经营人的核心在于经营人的动力、化解人的阻力，而经营人的动力与化解人的阻力的核心方法在于建立一整套行之有效的激励与约束性制度，从内到外影响员工的行为，进而推动企业发展。

面向核心高管的"阶梯模式"

X公司主营家电销售，经数年奋斗做到了年产值超亿元。为了彻底治理公司发展过程中积累的硬伤，以最好的状态向行业领军位置发起冲击，由创始人提议并拍板，"空降了"一名人力资源专家。在高薪和高福利的承诺之下，这位专家尽心竭力为X公司进行人事关系大清洁，但因为急功近利，先后几次强力推行的不同方案均收效不大。最终因在公司难以立足，专家最终离开，X公司的发展陷入瓶颈期。

Y公司主营服务销售，年产值也超亿元，为了进一步将企业做大，创始人也用"空降"的办法外聘了一名人力资源专家。但与X公司不同的是，创始人并未给空降高管开出高薪和高福利，而是给予了股权激励。方案可归纳为：一年内进行虚拟股权在职分红；三年内以业绩进行考核逐步转为注册股；三年后所得股权进入行权期，在实现公司规定的要求后（具体参考该公司《股权激励管理条例》《岗位职责评定表》《绩效考核评定表》）允许解锁，期限为五年，即每年的解锁范围占所得股权的20%。

与X公司相比，Y公司的人际关系更复杂一些，空降高管没有着急，而是急病缓治，一点点将复杂梳理成简单。两家公司的两位人力资源专家为什么解决方式不一样？

关键在于激励方式的差异。X公司的空降高管只被许诺了高薪,没有股权,虽然尽力,但免不了着急,而梳理人事关系最忌讳的就是强硬。Y公司的空降高管被授予了股权,没有高薪,会更加尽力,因为股权的收益一定比薪水多。而且有固定的行权期,只要在规定时间内达成业绩就能获得股权。撇开急迫,才能拿出更好的解决问题的办法。

更为重要的是,薪水的激励效果是暂时的,股权的激励效果是长久的,"公司好就是自己好"的心理会让空降高管更用心工作。

对于任何企业来说,高管人员永远是核心,对于高管的股权激励从来都是重中之重。对于高管应该采用怎样的股权激励形式呢?我们推荐"1→3→5阶梯"的激励模式——即1年在职虚拟股权激励→3年滚动考核转注册股(3年后进入5年锁定期)→5年内逐步解锁并释放股权。一共八年时间,将高管的个人利益与企业的整体利益绑定在一起(见图6-1)。

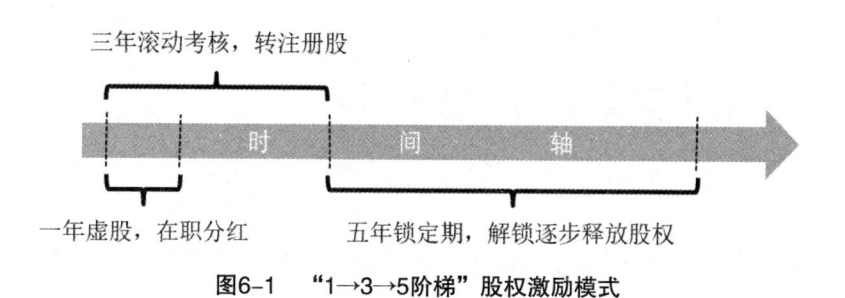

图6-1 "1→3→5阶梯"股权激励模式

通过该图可知,Y公司对空降高管进行的股权激励是一种中期与长期相结合的方式,可以对人才起到很好的激励作用。中期激励能够让人才带着责任心认真工作,长期激励则能在充分发挥人才能力的基础上留住人才。

图 6-1 中，当股权激励进入锁定期后，企业不用非要锁死为"五年＋均分"的股权解锁模式，而应根据企业实际情况，采用更灵活的方式。常见形式有三种：①"3·3·3模式"，将股权解锁年限缩短，如第一年释放股份的 33.3%，第二年释放股份的 33.3%，第三年释放余下的股份；②"加速递增式"，后一年比前一年逐渐递增。如第一年释放股权的 10%，第二年释放股权的 20%，第三年释放股权的 30%，第四年释放股权的 40%；③"降速递减式"，后一年比前一年逐渐递减，如今年释放股权的 40%，明年释放股权的 35%，后年释放股权的 25%。

相对于大型企业，中小企业不仅在锁定期可以灵活调整，整个股权激励的时间都能做灵活处理。如采用"1→2→3 阶梯"激励模式——即第一年在职股分红，第二年滚动考核转注册股，第三年解锁逐步释放股权。将股权激励的整体时间压缩，更加符合中小企业的员工心理。

适配中层骨干的"五步连环"

X 公司是一家餐饮连锁企业，在全国开设超 50 家加盟店。为了激励中层骨干的工作热情，公司实行了在职股的股权激励。但因为只有分红权，没有所有权，只有刚入职或刚升职的管理人员给予了积极回应，老骨干们普遍反应冷淡。而且，当新鲜期过后，原本积极的人也转变为消极。因此，此次股权激励的效果不大，公司仍然处于不温不火的状态。

Y公司也是一家餐饮连锁企业，在全国开设超百家加盟店。为了激励中层骨干的工作热情，公司施行了"多层次多模式"的股权激励。除了与X公司一样实行在职股权激励外，还有注册股、增持股、集团股和股权重组的激励方式。激励对象只要努力工作，除了晋升保证外，还能得到源源不断的股权激励。股权激励得到了全公司员工的热烈响应，员工的干劲获得极大提升，公司实现了裂变式扩张。

像Y公司这样的激励模式又称为"五步连环"，分为五个层级，基础层是在职股，峰顶层是股权重组（见图6-2）。越向下参与激励的人员越多，越向上参与激励的人员越少。实施多种模式的股权激励，激励对象可在集团总公司持股、在总部的各个业务部门持股、在集团下属分公司或子公司持股、在自己培养的"小弟公司"持股等，这是一种多层次持股的方式。

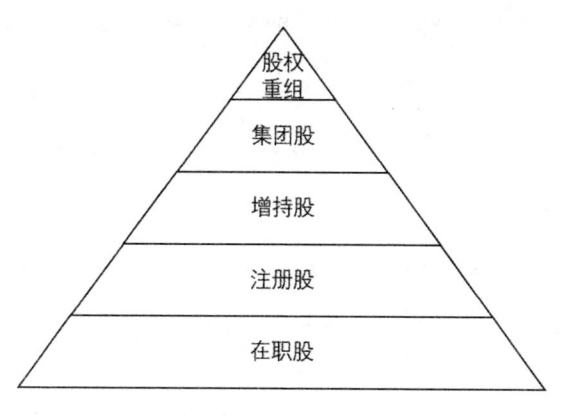

图6-2 "五步连环"股权激励模式

（1）在职股也是岗位干股，是一种虚拟股份，激励对象只享有分红权利，没有所有权，更没有投票权和决策权。

（2）注册股是已经得到了注册，是企业的正式股份，需要到工商部门注册，成为企业的真正股东。注册股股东根据所占比例，享有相应的所有权、管理权和收益权。

（3）增持股是在原有正式股份的基础上进行增持后所得的股份。如果已经成为企业的注册股股东，就是企业的正式股东了，当企业进行股份增发时，正式股东享有优先认购权，可进一步增持企业股份。

（4）如果所在企业是集团公司，集团股在企业内部是非常高级的一种股份形式，如果成为集团股股东，所得到的利益和享有的权利将大增。当激励对象被调升到总部工作，其所持有的股份也会随之提升到总部。这样做的目的是激励高管对企业未来的关注度，提升高管的全局意识，为企业的长远发展考虑。

（5）股权重组是指在企业要进行融资、重组或并购时，就需要对企业的股份进行股权重组，以适应企业变革的需要。那么，原股东所持有的股权在尽量保证相关利益或者利益增值的情况下随之进行调整。

通过上述对五种股权模式的介绍，可以看出这五种模式能够保证任何一名受激励的对象在升职的同时，股权的层级也随之提升，个人的利益与企业的利益牢固绑定。

总之，"五步连环"是企业对激励对象给予的五个递进式股权激励形式，目的是达成企业与中层骨干人员形成利益共同体和事业共同体。

安抚昔日功臣的"降落伞"

X公司从小微企业一路奋斗成为大型企业,离不开创始人的锐意进取,更离不开元老们的鼎力扶持。对于这些老功臣,创始人没有忘记,不仅给了他们高薪酬和高福利,还陆续分配了股份,并且让他们担任公司的重要职务。

但随着企业不断壮大,元老们的知识结构、见识层次和能力水准已经滞后,而且因为经济状况良好,干劲也明显不足。创始人明白应该对高管团队更新换代了,但元老们并不想主动让位。在多番劝说无效的情况下,创始人决定强行为之,直接解除元老们的职务,安排他们去"养老"。

元老们虽然职务没了,但影响力还在,他们的亲信们也都在公司任职。于是,创始人原本希望那些上位的新人能有一番作为,但新人在处处被牵制的情况下很难发挥作用,原订的计划也没能实现。新提拔的管理者因为工作难以展开,又看不到公司与自身未来的方向,纷纷选择出走。创始人陷入两难境地,请回老臣和坚持当下都对公司发展不利。

Y公司的成长路径和X公司类似,创始团队居功至伟,其中能力最强、作用最大是总经理A。如今公司正谋求上市,但曾经的功臣——以A为首的元老们却成了障碍,原因无外乎是思维、认识、能力跟不上时代的发展,到了需要让位的时候。

企业高层更新换代总是充满危机，Y公司创始人在深思熟虑并请教专家后，决定以一顶"降落伞"送元老们软着陆。

创始人给包括A在内的六名元老追加限制性股份。具体做法是：按照之前Y公司的业绩方案，A等六人在公司上市前会获得220万股的注册股份，占公司总股本的4.5%，其中A持有70万股，其余五人各持有30万股。但股份正式获得是有条件的，六个人要在公司上市的两年内从现有位置上退下来。六个人明白创始人如此安排的用意，虽然有些不情愿，但考虑到实际情况和公司对自己的态度，最后还是同意退位。

所有企业都有"元老"，他们是企业由弱到强发展起来的功臣。但是，当元老的能力逐渐跟不上企业发展的脚步，这些人就从过往的助推器变成了挡路石。直接解聘？不仅于心不忍，也让其他人心寒。继续留任？势必影响企业发展。于是，为了让元老和企业同时安全着陆，需要给元老一柄"降落伞"——即通过授予股权给元老一些补偿，让他们自愿退出。

有人提出是否能以现金形式进行赔偿？元老退位，等于同时放弃了高位和高薪，如果仅以现金补偿，从个人利益上讲是做减法，极难让人接受。虽然元老在位时拿高薪，也普遍都是企业股东，即便离开每年也有分红，但这些收益是元老该得的，不是企业对其多年贡献的补偿。实施"降落伞"的目的是顺利实现传承，而不是简单的利益让渡，因此这样做对元老也更有安抚作用。

给予元老的股权只能是注册股，这是对元老的尊重，也是感谢他们为企业奋斗多年的报答。但要在不影响企业控制权的情况下完成股权支付。

例如，Z公司创始人作为大股东，持有公司87%的股份，九名元老共持股6%，外资持股7%。如今公司谋求上市，届时要对外发行25%的股份作为流通股，IPO之前还要经历多轮融资，需要预备出10%～15%的股份。经过计算，87%－25%－15%＝47%或87%－25%－10%＝52%。可以看出，即便将日后融资占股压缩在最低的10%，想要保证创始人拥有51%的相对控制权，最多也只能出让1%的股份作为对元老的激励。但这点股份显然无法对元老产生激励效果，何况将来还要对员工进行股权激励，要怎样才能在不损害创始人控制权的情况下实现"降落伞"方案呢？

建议采取"有限合伙公司"作为持股平台，解决股份来源与控制权之间的矛盾。分为三步：

第1步：Z公司创始人拿出5%的股份成立"有限合伙公司"，其直接持有的公司股份减少为82%。

第2步：创始人担任"有限合伙公司"的GP（普通合伙人），并持有"有限合伙公司"0.001%的股份；其妻子担任"有限合伙公司"的LP（有限合伙人），并持有"有限合伙公司"4.999%的股份。

第3步：Z公司准备让位的元老都以LP的身份加入"有限合伙公司"，由创始人的妻子向各位LP（Z公司的元老）转让其所持有的"有限合伙公司"的股份。

在考虑到Z公司上市后的流通股发行、融资的股权稀释、新老员工的股权激励实施后，创始人直接持有的公司股份最低将下降至47%。但由于创始人是"有限合伙公司"GP，等于其直接控制了该"有限合伙公司"5%的股权，即创始人让出的5%股权的分红权归属了元老们，但表决权仍在创始人手中，其在实际控制Z公司47%股权的情况下却拥有了52%的表决权。

由此可见，成立"有限合伙公司"可以在不损害企业控制权的情况下，很好地实现"降落伞"激励。这种"有限合伙公司"持股平台形式还可以实施在对员工的股权激励上，但要与"降落伞"计划的持股平台区分开，也就是成立两个"有限合伙公司"，一个作为"降落伞"计划的持股平台，一个作为一般股权激励计划的持股平台。

助力未来之星的"继承制"

X连锁超市创立五年，在本省与邻近省份共建立了28家店铺。伴随公司进入高速发展期，门店店长的人才储备不足的问题出现了，公司接连采取了多种办法，如外部"空降"、内部推荐、考核升职、高额奖励等。但收效都不大，符合要求的新店长人选非常有限，强行提拔上来的店长因为能力不够，店铺经营每况愈下，严重阻碍了公司的发展。

Y连锁超市创立三年，在本省与外省共建立32家店铺。显然，Y公司的发展要比X公司快一些，如果对比X公司的情况，Y公司的店长人选应该更加吃紧。但实际情况恰恰相反，Y公司终端店铺的合格店长频繁涌现，从未出现过门店店长"人才荒"的情况，其中的道理值得深究。

其实，差异的根源在于两家公司采用的店长培养制度的不同，X公司的若干方法均为外围渗透，Y公司的店长培养则用股权激励方案直接穿透。

Y公司的店长培养股权激励的具体方式是：如果现任店长在本店发现

并培养出一名准店长人选，待通过总部考核进入新店工作达到要求后，则该培养有功的老店长除了获得自己掌管店铺8%的虚拟股份分红外，还将获得其培养的新晋店长在新店的虚拟股份分红，分红收益为新店营业额的5%。享受分红必须满足两个条件：①老店长需一直在Y公司工作；②其培养的新店长也要一直在Y公司工作。

没有比现任店长更了解终端店铺的经营模式了，也没有人比现任店长更清楚做好一名店长需要哪些素质和能力了。因此，让这些店长行动起来，是培养新店长最好的方式。

Y公司的店长培养股权激励制度并非仅限两代传承，而是"隔代承继制"。即新晋店长（第二代）又培养出了"第三代"店长，则原老店长（第一代）将获得第三代店长在新店的虚拟股份分红，收益为该店（第三代店长的店铺）营业额的3%。若第三代店长又培养了第四代店长，则第一代老店长将获得第四代店长在新店的虚拟股份分红，收益为该店（第四代店长的店铺）营业额的1%。也就是说，一位老店长可得的虚拟股份分红可以传承"四代"，这便极大提高了老店长培养新店长的积极性。

这只是针对店长培养设立的股权激励制度，但凡事过犹不及，如果店长将主要精力都放在如何培养下一代店长上，对Y公司来说则不是好事，毕竟公司成长离不开业绩支撑。因此，在业绩方面Y公司也设立了股权激励制度：每位店长每个考核期内（一个考核期为一个自然年）若能带领店员完成公司下达的业绩目标，可独自获得相应的虚拟股份；若连续五个考核期都能完成业绩目标，则虚拟股份可按照一定比例转换成公司的注册实股；若连续三个考核期都未能完成业绩目标，则被自动解除店长职位。

通过上述两个案例的对比可以看出，X公司的激励方式非常传统，治标尚且困难，更不可能治本。Y公司实施的以虚拟股权为基础的股权激励措施非常有效，彻底治愈了企业内部常见的"人才相嫉"和"以老压新"的顽疾，实现了先富带动后富，先获益的人能够积极、主动、无私地帮助和培养后出现的人才。这不仅是人才的幸运，更是企业的幸运。

倾向普通员工的"组合式"

X公司实施股权激励有两个基础：一是只针对个人；二是只针对高级管理人员和骨干成员。为了调动激励对象的积极性，激励的力度很大，于是公司形成了"新车头，烂车尾"的局面。高管和骨干想要铆劲干，但基层员工不给力，因为普通员工只拿"基本工资＋提成"，福利都少得可怜，自然没什么工作积极性。

Y公司实施股权激励有两个前提：一是对岗不对人；二是不仅针对高级管理人员和骨干成员，也面向普通员工。公司针对某一类岗位和某些特定岗位设定用于激励的在职虚拟股份，激励对象多是普通员工。只要员工在职就可以享受分红利润，离职后股权与其自动分离。

激励范围内对象的薪酬组合是"基本工资＋提成＋福利＋股权分红"，这既保障了短期利益，又保障了长期利益。那些尚未得到股权激励的员工也会受到鼓舞，会努力争取得到下一轮被激励的资格。而高管们也会因为员工干劲足，公司利润大，而获得更大收益。因此，Y公司更像是"复兴号"，从上到下都很有激情，员工能主动为公司考虑，在车头的带领下，一路奔向美好的明天。

Y公司的这种组合式股权激励也称为"在职分红"，关键点在于员工是否在职，通常只要员工在职并能认真完成工作，就能得到激励。

虽然对比于实施给高层的股权激励份额来说，"在职分红"的份额似乎不值一提，但对于拿着微薄月薪的员工来说，多了一份股权分红的收益是非常重要的，积少成多也是一笔可观的收入，能够改善家庭生活。

所以，在经济利益的刺激下，一些默默无闻的员工、一些不上进的员工、一些不愿尽心竭力的员工，都可能通过自身的精进而成为企业的骨干，实现绿叶翻红。

当然，从"普通"变身"不普通"并非易事，不是简单地靠经济刺激这一个条件就可以的，需要长期艰苦不懈的努力。对于企业管理者来说，不能怀有让所有绿叶员工都翻红的心态。毕竟咸鱼翻身与浪子回头都是小概率事件，但仍然要给那些"遗珠"创造能够翻身的机会，最终个人的成功会衍生为企业的成功。但也因为是小概率事件，在进行股权激励时，就不能撒大网，而要结小网，兜住"锦鲤"即可。

那么，在实施组合式的"在职分红"时，激励对象应该如何选择呢？

任何一家企业实施在职分红的股权激励时，最大的忌讳就是面向企业内部所有人，因为这会产生两个不利影响：①现有股东的利益会受到损害，因为未来要分股权的人在短时间内大量增加了；②被激励对象没有感受到特殊性，便不会重视这样的激励。

因此，激励对象的选择一定要坚持一个原则——不可替代性，可以参考以下因素：

（1）不可替代岗位的员工；

（2）有责任心的员工；

（3）专业水平强的员工；

（4）进步最快的员工；

（5）忠诚的老员工。

选择激励对象，还必须坚持"三公原则"——公平、公正、公开。推行得好，股权激励的作用就能最大限度发挥出来，广泛调动员工的积极性和责任心；推行得不好，不仅起不到激励作用，还会伤害原本具备责任心的员工。

开放股权，连接上游供给企业

说到企业的上游，就必须提一个概念——供应商。供应商是指那些向下游买方提供产品和服务，并收取相应报酬的实体。也就是能为其下游企业生产提供原材料、设备、工具及其他资源的上游企业。

W公司是一家大型建筑装潢企业，希望凭借优质的产品和服务继续开拓市场。该公司从成立之初就由Z公司提供油漆，因为Z公司的油漆质量上乘，且致力于研发，拥有多项高科技油漆产品专利。W公司在宣传时也主打Z公司的油漆，客户在选择服务时往往会将Z公司的油漆包括在内，这就形成了W公司（下游公司）对Z公司（上游产品供应商）的依赖。

但Z公司的下游合作企业不止W公司一家，双方并未签署任何协议，一切做法都是W公司的自愿行为，Z公司没有义务优先保证W公司的货源，W公司也无法获得更优惠的价格。可以说，这波操作W公司只是在为Z公司做嫁衣。

在互联网时代，上下游之间的关联愈发紧密，维护好彼此的关系对双方都有好处。但维护不应靠单方面的热情，而应建立在平等合作之上。W公司因为忽视了平等，自娱自乐般地做起了义务宣传员。现实中像W公司这样的企业不在少数，付出了很多，但收获的只有伤害，轻则白受累，重则受制于人。因此，想要进行平等合作，需对供应商进行管理。但供应商不在企业体系内，也不受企业辖制，要如何管理呢？

可以通过开放股权的方式，将供应商纳入企业的外围体系内，成为企业的一部分。企业拿出部分股权，同供应商进行交叉换股，实现上游对下游的有效供给。

再回到上述案例中，接着看W公司如何给自己解套：

为了变依赖性合作为共赢性合作，W公司必须与Z公司实现共同发展。在与Z公司进行相关谈判后，W公司推出了消费型股权经营计划，两家公司签署了《交叉换股协议》。协议中写明：W公司拿出10%的股份外加5000万元现金，换取Z公司11%的股份。协议中还规定：Z公司须保证W公司每年的最低进货量，并有优先供货权。

通过股权交换，两家公司进入了同一体系中，形成了良性的合作关系。因此，在合作中不仅要保证自己的利益，也要维护对方的利益，才能携手共同发展。

有人会问，为什么Z公司在掌握主动权的情况下，会同意与W公司进行股权交换呢？如果维持现状，Z公司不是收益更大吗？

原因在于市场的变化。今天Z公司占据主动权，不代表永远都能占据主动权。而且一家企业要有长远发展的眼界，合作永远是打通渠道、获得资源最快捷也最省力的方式，直接将对方的优势拿来使用，也能最快地弥补上己方的弱势。

这就是供应商管理的意义和目的，不仅为企业建立起一个稳定可靠的供应商队伍，且为企业的生产销售提供可靠的供应保障。

融合股权，串联下游利益群体

供应商位于企业的上游，经销商位于企业的下游。相对于上游，企业对下游的依赖程度更高。因为经销商是上游企业的产品进入某一地区市场的开路先锋，是产品快速铺货和品牌迅速打响的最重要力量。经销商的分销渠道、客户资源和仓储物流系统都是上游企业欠缺的，哪怕是格力集团这样的大型企业，也需要经销商助力将产品快速下沉。

珠海格力电器股份有限公司（下称"格力电器"）自创立后，发展非常快，目前已经是全球知名的集研发、生产、销售、服务于一体的综合性集团企业。

但与所有大型企业的成长路径一样，格力电器的发展也并非一帆风顺，其间经历了很多争议，其独特的销售模式就是争议的焦点之一。

一直以来，格力电器开疆拓土主要依靠经销商对企业的忠诚和价值观的认可。虽然从经营业绩上看似乎没什么问题,但格力电器的高层还是感觉到危机四伏,与经销商之间没有股权维系,基础并不牢固,面对千变万化的市场,谁能保证明天的太阳还会不会继续照耀……

2006年,格力电器的经销商悄然组成了一家合资公司——河北京海担保投资有限公司(下称"京海公司")。京海公司下属有十家销售公司,就是这十家销售公司联合创建了京海公司,他们的销售地域覆盖河北、山东、河南、重庆等多个省市,累计销售额占格力电器当年销售总额的65%,是格力电器的主力经销商。

摆在格力电器高层面前的问题非常严峻,绝不能再以以往的思维来处置。事情已经很明朗了,十家联手的目的是要抬升自己在整个商业链条中的地位。任何单独一家经销商面对格力电器都是绝对弱势,但十家联合之后,势力对比发生了变化,虽然仍不足以撼动格力电器,但自己的筹码大幅度提升,有了与格力电器对战谈判桌的资格。

对手已经联手了,格力电器应该如何应对?

由珠海市国资委100%持股的珠海格力集团有限公司(下称"格力集团")原本持有格力电器39.74%的股份,是第一大股东。2007年,经过珠海市政府和珠海市国资委批准,格力集团将所持格力电器股份中的10%转让给京海公司,共计8054.1万股,总价款为10.27亿元。根据相关协议规定,京海公司在未来12个月内将不再增持格力电器股权,其中已受让的股权在2009年3月8日之前不得流通和转让。

本次股权转让对于格力集团有三方面好处:①兑现了股改时的承诺——为格力电器引入战略投资者;②得到10.27亿元现金对于改善企业财务结构和调整产业结构有一定的帮助;③改善各级集团长期以来国有股

东一股独大的局面，完善了企业的治理结构。

本次股权转让对于格力电器的意义更为重大，格力电器与经销商之间建立了产权关系，两方的利益在制度层面被牢牢绑定。这将充分调动经销商的合作积极性，也会激发起企业对经销商的关注度，增强格力电器同经销商的合作共赢关系，实现双方在市场的共赢。

第七章
股权分配的九项原则

企业的创始人/团队，除了要知道股权激励对企业发展的重要性之外，还要明确激励的各项原则——激励的目标效果、激励的资金来源、激励的对象筛选、激励的类型选择、激励的合理价位、激励的体量确定、激励的条件设定、激励的时间环节、激励的退出机制。明确了这九项原则，在实施股权激励时才能准确找到切入点，根据实际情况采取有针对性的措施。

明确股权激励的目标

设计科学的、严谨的、适用于企业发展的股权激励计划,并期望在实施过程中达到预期效果,需要从确定股权激励的目标开始,明确股权激励的出发点和宗旨。

股权激励的目标不能随便制定,既要符合经济大势,又要结合企业状况,还要做到让大部分激励对象满意,所以目标的设定需要遵循如下原则:

(1)目标要有共同体。释放出股权,要将企业利益和员工个人利益捆绑到一起,形成整体的推力,企业才有在任何环境下都能持续向前的动量。

(2)目标要具体化。与股权共同释放出来的还有相应的责任和义务,改变每一个人的状态才能改变企业的现状。因此,须将目标具体化到每个人,当个体的小目标达成后,集体的大目标也将随之达成。

(3)目标要有期限性。激励对象接受了股权激励,就等于接受了企业使命。要限定实现个体目标的时限,如三个月、一年、两年、五年等。没有限制就没有动力,缺少动力的激励对象很难"持续自律",更多将是"间歇自虐"的短期行为。

(4)目标要有切实性。可实现的目标才是有价值的目标,激励对象永远不会为了一个"跳起来够不到"的目标而努力。

股权激励目标与上述原则完美契合之后，股权激励计划才能真正发挥作用。企业实施股权激励的终极目的是推动企业战略目标的达成，将终极目的分化为若干个直接目的，更有利于理解股权激励的作用。

1.激励员工的凝聚力和战斗力

1997年，TCL科技集团股份有限公司（下称"TCL集团"）开始实施管理层持股计划，将部分净资产增量以股份形式授予被激励对象。在此后六年的激励计划实施过程中，集团走上了发展快车道，成为行业领军企业之一。到2004年上市，TCL集团一夜爆出数个亿万富翁，产生了很多千万级、百万级的富豪。

彼时各大媒体纷纷报道TCL集团签订激励方案的英明之举，后来人们将这种集体造富现象背后的秘密总结为"分享的力量"。

股权激励的结果是让各级股东形成利益相关体，减少了上下级之间、同级别之间的利益冲突。个体的责任心会得到强化，在收益预期与损失预期的共同作用下，个体工作的积极性、创造性和竞争性会被激发出来。

2.留住人才，并降低人力成本

人才是企业的大脑，企业能走多远，全靠人才带动。但人才需要体现价值，薪酬水平是标准之一，聘请人才和留住人才需要消耗很大的成本，同时会带动现金流的消耗，这是企业初创期和发展期在人才与资金上的矛盾。

如何降低人力成本压力？可以分为四种情况：

（1）企业创始人：0年薪＋股权激励。

（2）核心骨干：少年薪＋股权激励＋长期愿景。

（3）基层人才：常规年薪＋股权激励＋财富梦想。

（4）外部人才：行业平均年薪＋后备股权激励资格＋长期愿景＋财富梦想。

刘强东的年薪只有1美元，有媒体甚至打趣地"担忧"他能否养活家人。当然我们都知道作为京东集团股份有限公司的创始人，刘强东凭借所持有的京东股票不需要任何年薪。以股权代替现金的方式，对于创业期的企业非常重要，可以降低企业的现金流压力，更能彻底绑定这类超级个体，为企业长期稳定的发展打下稳固的基础。

企业的核心高层和核心骨干级别的人才对于自己的价值能否体现十分看重，被授予一定份额的股权则是对其最大的肯定。

二十几年前的蔡崇信是瑞典银瑞达集团的副总裁，年薪70万美元。二十几年后的蔡崇信是阿里巴巴集团董事局执行副主席、NBA布鲁克林篮网队老板，拥有超百亿美元身价。

蔡崇信的财富来源既非创业所得，也不是巨额年薪，而是合伙人的身份。这是一次华丽的转身，但转身之初却并不令人羡慕，因为蔡崇信放弃了一年70万美元的收入，跑到阿里巴巴拿月薪500元人民币的工资。但蔡崇信不在乎这样天差地别式的落差，他看重的是企业前景和发展壮大之后的自身前景。

蔡崇信是"最贵打工仔"，也是最富有的打工仔，这是留在银瑞达集团永远无法获得的。有人说，马云能有今天必须感谢蔡崇信，因为没有蔡崇信，阿里巴巴撑不过电子商务泡沫；没有蔡崇信，阿里巴巴拿不到软银的注资；没有蔡崇信，阿里巴巴更吃不下雅虎中国。马云也承认，他最感谢的人始终是蔡崇信。然而蔡崇信也非常感谢马云，感谢阿里巴巴，如果马云在最初没有给他股权,那么如今阿里巴巴的成就又有多少与他有关呢!

相对于创始人/团队和核心高管,企业往往对基层人才的激励选择忽视,认为授予基层人才股权是没必要的。基层人才虽然对企业向上拔高不能起到直观作用,但对企业向下深打地基是非常重要的,没有稳固的基础就没有向上生长的空间。

对于企业的基层人才,要在股权激励的同时给予工资和奖金。因为基层员工最直接的需求是养家糊口,不能只给长期,不给现在;而应既给长期,也给现在。当然以对企业的贡献值论,基层人才每个个体所能享受到的股权利益不会特别高,但对于提高个人生活品质和改善家庭生活也是很重要的。

总之,股权激励不仅有助于规划企业的发展蓝图,更能提升员工对企业的信心,让他们相信自己留下来,不仅有前途,而且有"钱途"。

3.结合长期目标和短期目标

在目标设定时,必须避免"短视效应",如果将短期目标作为股权激励的最终目标,那么会导致企业还在发展中,人心却已停滞不前了。

股权激励必须以长期目标为根本,再结合短期目标作为辅助,在分段实现一个个短期小目标后,长期总体目标就自然实现了。

因此,企业在制订激励计划时,长期目标与短期目标的设定,需要符合一定的要求,总体上确保长期目标不能被轻易实现,短期目标不能难度过大,保证长、短期目标的有效结合。

(1)长期目标的设定不仅要拉长时间线,还要重视战略性,但不要脱离现实。

（2）长期目标的设定一定要在短期目标的基础之上，保证总体目标的可行性。

（3）短期目标的设定应以长期目标为最终目标，同样不能脱离现实。

（4）短期目标的设定既要有持续性，也不能游离于长期目标之外。

（5）若短期目标的时间或任务跨度过大，可以设定中期目标，中期目标之下再分割短期目标。

（6）可将中期目标作为里程碑，衡量目标的进展程度。

确定股票与资金的来源

定期进行股权激励可以唤醒员工的奋斗意识，因此非常有必要采取这一办法对员工进行激励。进行股权激励需要股票份额和资金流量来支撑，那么，这些股票和资金来源于哪里呢？

1. 股票的来源

进行股权激励时，在股票来源上，非上市企业的操作很简单，只需现有股东同意有偿或无偿让出一部分企业股票即可。但已上市企业对比的操作则复杂一些，需要股东大会审批和证监会审核。上市企业实施股权激励的股票来源有四种形式：

（1）以定向增发的形式发行的股票。

（2）企业大股东自愿无偿或有偿拿出一定数量的企业股票，只用于股权激励计划上。

（3）企业使用资金（用于激励的营业利润或通过融资等方式获得的资金）从二级市场上直接购买企业股票。

（4）在符合法律法规的前提下，企业采取其他方式获得的企业股票。

某上市公司在实施股权激励计划时，分为股票期权激励计划和限制性股票激励计划。激励对象为公司董事、中高层核心人员、技术骨干、业务骨干，但独立董事、监事、持有公司5%以上股份的股东不包括在内。本次股权激励计划的股票来源是公司向激励对象定向发行A股普通股，属于发行股票的形式。

对于上市企业而言，制订股权激励计划一定要表明股票来源，否则即使股东大会与董事会通过了方案，中国证监会也不会通过审核。

2. 资金的来源

企业实施股权激励的资金来自哪里？或许有人回答，资金当然来自企业了！其实，股权激励计划的资金不一定来自企业内部，还可能来自一些外部渠道。

对于非上市企业，用于股权激励的股票是股东让出的，所以不存在资金来源的问题。但上市企业股权激励所用的资金，一定要注明资金来源。上市企业实施股权激励的资金来源也有四种形式：

（1）激励对象的薪酬：用激励对象的"部分工资＋奖金"购买企业股票。

（2）分红抵扣：用激励对象可以拿到的企业部分分红资金，以企业名义回购二级市场上的企业股票。

（3）激励对象直接出资：激励对象以自有资金购买企业股票，企业则以有偿形式将股票或期权以优惠价格转让给激励对象。

（4）企业资助：企业或激励对象用其他企业资助的资金来购买本企业的激励股票或期权。

上市企业在实施股权激励时，通常会采用定向增发股票的形式，所以不用企业直接出资，但激励对象要直接低价购买增发股票或期权。

某上市公司首次实施股权激励，拿出 2000 万份股票期权授予激励对象。在激励计划有效期内的可行权日，每份股票期权都可以行权价格和行权条件购买 1 股公司股票。公司用以实施激励计划的股票来自公司向激励对象直接定向增发的 2000 万份股票，激励对象在获得公司股票期权时股价为 12.5 元 / 股，激励对象需要直接出资购买。

中国证监会对相关的股权激励有明文规定：上市公司不得为激励对象提供融资和融资担保。

严格筛选激励的对象

股权激励必须确定激励对象。有了明确的激励对象之后，才能考虑具体的实施方式。然而，很多企业在实施股权激励时，总是处于一种迷茫状态：究竟该激励谁？谁又应该被激励呢？

思考这个问题，要从两个方面切入：首先要知道选择激励对象时应避免出现的状况，其次要知道具备怎样的条件才有资格被激励。

任何企业都不能凭借创始人 / 团队或股东的个人喜好选择激励对象，也不能根据员工的自我评价和相互评价选择激励对象，两种情况都属于主观臆断，会放大认知上的缺陷，都会掺杂个人情感和利己心态，与公平公正相去甚远。

简单地根据职务高低来选择激励对象也是错误的。因为工作性质和工作范围的不同，即便是同一职务级别对企业的贡献也不尽相同。有些职务级别不高的岗位，对企业贡献却很大。这种情况最佳的参考就是军队中的士官制度，优秀士兵因为各种原因无法获得军职和军衔上的提升，但可以晋升为各级士官，相应提高待遇或地位，这也是对个人贡献的肯定。比如一级军士长被称为"兵王"，虽然军衔是兵，却是"国宝级士兵"，在军队中地位很高，受人尊敬。

为了让企业中每个个体的地位都能与其能力和贡献相匹配，必须搞清楚什么人有资格够被激励。个体是否是企业的核心人员，可以从六个方面进行考虑，这六个方面也是选择激励对象的标准（见图7-1）：

图7-1 选择股权激励对象的标准

下面，针对此六项标准，总结出三种必须予以股权激励的人员：

1. 与企业价值观高度相符的人

能够高度认同企业的价值观，这样的员工非常难得。与这样的人并肩，内心有无形的安全感，因此当企业做到一定规模后，一定不能辜负这样的战友。

某公司在成功上市后不久，宣布实施股权激励计划，以增发的形式授予中层管理人员和核心骨干人员共300万份股票期权。有三名老资格员工虽然在业绩考核中没能获得资格，但因为他们始终认同公司的价值观，一直以饱满的热情和积极的态度为公司发展贡献自己的力量。因此，公司决定单独为这三人设置"特别版股权奖励"，虽然一共只有4500份，比常规激励中激励对象获得的股权少很多，但仍然起到了激励新员工的目的。

其实，认同企业价值观的员工从工作态度上就能看出来，他们或许能力不出众，贡献不突出，但精神值得肯定，也值得褒奖。因此，在准备对价值观高度相符的员工进行股权奖励时，就不应过多考虑能力和业绩，毕竟能长留企业，一般能力不会很弱，贡献也肯定不会小。

最后强调一句：即便是肯定价值观的重要性，但也要掌握一个平衡点，即价值观要高度相符，能力也不能太低，贡献更不能太少，避免出现有人假借价值观相符赖在企业混日子的情况。

2. 对企业未来发展至关重要的人

能保证企业持续发展的关键因素是人才，在进行股权激励时，应主要面对关键性的未来型人才。

所谓关键性的未来型人才，我们给出两个定义：一是关键的"当下英雄"，此时此刻正在对企业发展起着重要作用的人；二是关乎未来的"明日之星"，做好未来的人才储备，企业发展才能长久保持。

某公司准备实施一项股权激励计划，对象包括公司董事、高级管理人员、业务骨干，共计475人，占公司在册员工总数的2.4%。激励形式是股票期权，数量为14500份，占公司发行总股本的2.65%。在此次激励计划中，有403人为研发、销售、供应链、客服等部门的骨干成员。

通过该案例可以总结出，企业进行股权激励不是发放福利，人人有份，而是针对那些能对企业发展起到关键作用的人。

那么，如何评判哪些人对企业发展至关重要呢？

（1）核心技术人员。并非一般技术人员，而是要掌握核心技术者，如果是科技型企业，则这类员工更加重要。

（2）经营管理人员。管理决定了企业的发展走向，管理得当则企业就能在正轨上不断前进，否则就会越管越混乱。

（3）财务主管。不要简单地理解为管钱的人，而是能为企业节省不必要开支的人，这不仅是能力的考验，更是责任心的体现。

3.对企业发展做出过重大贡献的人

通俗地说就是功臣，在企业发展的不同阶段做出过突出的贡献。在一些已经成长起来的企业中，"功臣"是相当敏感的一类人，奖励不够怕功臣有意见，奖励过了怕功臣居功自傲。奖励的数额还要照顾其他员工的想法，企业对待功臣的态度可以直接影响其他人对企业的看法。不薄待也不纵容功臣，有利于激发新生力量的斗志。

2016年，因为微信团队成绩突出，线下收益超过了支付宝，成为国内第一支付巨头。为此，马化腾启动"名品堂"，奖励微信团队1亿元。名品堂是腾讯公司专门针对企业级里程碑产品而设立的最高荣誉，奖励的也是最高级别的企业级功臣。

可见，对于有功之臣，企业必须给予适当的奖励，奖励的形式除了工资、福利之外，还有企业股份或分红权等。

切实选择激励类型

股权激励有很多种类型，本书第六章进行了专门论述。不同的激励类型在没有参照物的情况下，没有孰优孰劣的区分，都有其各自的适应范围。这里所说的具体参照物就是行业形势和企业现状，不同的行业、不同的企业及企业的不同发展阶段，可以选择的股权激励类型各不相同。

一个理想的股权激励方案应该是：兼顾短期目标与长期目标，同时具备较强的激励性与约束性，且不能给企业带来较大的现金压力。

准确理解这句话非常重要，短期目标的实现能够让激励对象在短期内获得收益；长期目标的实现能够让激励对象在较长时间内持续性获得收益。短期收益＋长期收益是一名员工在为企业工作中所期望获得的收益方式。对于企业来说，能够保证激励的有效性是激励的核心目的，同时要对激励对象形成约束力。激励能长期进行下去得益于企业的良好运转，这其中就包括充足的现金流，如果激励计划超过企业的承受能力，则会给现金流造成压力。

虽然每一种激励计划都有各自的优势，但也都有各自的劣势，这就意味着任何一种单纯的激励模式很难同时满足上述要求，需要企业在设计股权激励方案时采用多种模式相组合，以最大限度地弥合劣势而彰显优势。

1. 以企业性质定股权激励类型

在制订股权激励计划时，上市企业与非上市企业是有区别的。上市企业或在"新三板"挂牌的企业实施股权激励时，通常会选择比较成熟的激励模式，如期股、股票期权、限制性股票、股票增值权等。非上市企业则以侧重中短期激励为主，结合关注企业长期价值的股权激励的组合模式。

其实，在企业选择股权激励类型时，必须考虑企业的性质，但绝不仅限于上市与非上市的情况，还要考虑行业特色、经营方式、团队能力等。

某公司为"新三板"挂牌企业，经营范围包括：机动车安全技术检验、汽车技术咨询、环保材料销售、汽车配件、房屋租赁中介以及设备租赁。那么，该公司应该按照什么性质来确定股权激励类型呢？

一定有人会留意"机动车安全技术检验"这一经营范围，认为据此可将企业性质定义为服务性质。但事实却是，该公司是以汽车配件销售、汽车性能维护、房屋租赁和设备租赁为经营主体，机动车安全技术检验并不是经营主体。所以，该公司是销售性质，适合采用业绩股票的方式进行激励。后来该公司决定以股票期权的形式实施激励，激励方案确定后，报请全国中小企业股份转让系统，按规定在制定的信息平台予以披露。

2. 以企业经营现状定股权激励类型

一家专门从事健身、美容、职业培训、技术咨询的健身美容连锁公司，聘请相关专业公司辅助进行股权激励计划的设计。

专业公司经过调查发现该连锁公司定位于高端健身美容服务，目前拥有23家连锁美容院、四家健身俱乐部、一所美容化妆职业培训学校。针对这样的现状，采取统一的激励方式显然不合适，毕竟有总部和门店之分，还要考虑各地区差异。最后经过慎重研究讨论，决定针对公司的不同层级（总部和门店）采取不同的激励方式。对总部的优秀员工采取股票期权和期股激励方式，对门店表现优异的员工采取干股分红的激励方式。

这一案例能够清楚表明，股权激励必须结合企业的发展现状，该分类时分类，该组合时组合，需要从激励的目的出发选择最佳激励类型。

做到合理定价

股票的价格是决定股权激励力度的关键要素之一，另一个关键要素是股票的数量，两者相辅相成，只有它们的关系达到了平衡，激励的效果才能最大化。

行权价格是用以购买企业股份的价格，需要企业与激励对象进行约定。由于上市企业和非上市企业的经营规模和经营特点差异较大，因此行权的价格也各不相同，用以确定行权价格的方法也不相同。

1.非上市企业用于股权激励的股票定价方法

非上市企业的总股本就是企业的注册资本。而股权激励涉及的"标价"，也就是每股股价，计算每股股价的公式为：

每股股价＝企业估值 ÷ 总股本

虽然确定了标价，但企业却不能以标价为基础进行股权出让，因为标价是企业股价的常规价格，以此价格出售股票起不到激励作用。因此，标价只是参考，"出价"才是实际购买价格。出价可以低于、等于、高于标价，分别称为"折价""平价""溢价"。通常情况下，为了达到激励目的，企业会采取折价或送股的方式。

上面我们讨论了股票定价的基本方式，下面讨论运用哪几种方法来确定股价：

（1）净现金流量折现法

该方法是企业价值评估定价在理论上最为有效的方法，但对现金流的预估和折现率的选取需要专业的财务知识，另外也需要对行业前景有准确的预判。在计算企业净现值时，要把企业整个寿命周期内的现金流量以货币的时间价值作为贴现率。在确定企业股份价格时，需要按照一定的折现率来计算。

运用该方法要注意两点：①对企业未来存续期各年度的现金流量，需要进行科学合理的预测；②必须找到一个对各方都合理公允的折现率，折现率的大小由未来现金流量的风险决定，一般风险越大，折现率越高。

（2）资产价值评估定价法

第1步：对企业的每项资产进行评估，得出各项资产的"公允市场价值"。

第2步：将各类资产的价值相加，得出企业的总资产价值。

第3步：用企业总资产价值减去各类负债的公允市场价值总和，得到企业股价的"公允市场价值"。

第4步：设定企业的总股本，用公允市场价格除以企业总股本，得出股权激励授予时的价格。

（3）市场评估定价法

该方法运用的关键在定价过程中，对同行业中具有可比性的相关企业进行比较，从而算出本企业的股价。因为有横向可比性，所以这是一种相对客观、准确的方法。

第1步：确定参考企业，其标准是规模和发展历程同本企业相类似的企业。

第2步：根据这些参考企业的净利润、净资产或现金流量等指标，依次算出这几家参考企业相关指标的价值比例和平均比率。

第3步：根据本企业的相同股价指标推断出企业价值。

第4步：设置总股本，用总价值除以总股本就得到企业的股票价格。

（4）净资产定价法

设定企业的总股本，然后算出企业净资产，用净资产除以总股本，得到企业的股票价格。例如，设定企业总股本为2000万股，企业净资产为1.2亿元，则该企业的股票价格为6元/股。

（5）综合定价法

该方法需要综合考虑企业的销售收入、净利润与净资产定价，分别对这几项赋予不同的权重，计算出企业的总资产。再设定企业的总股本，用总资产除以总股本，得到企业的股票价值。

（6）有形资产+无形资产定价法

需要综合考虑企业的有形资产和无形资产，并根据现实状况赋予不同的权重，以计算出企业的总资产。再设定企业的总股本，用总资产除以总股本，得到企业的股票价值。

2.上市企业股权激励的定价方法

《上市公司股权激励管理办法》第三章《限制性股票》第二十三条："上市公司在授予激励对象限制性股票时，应当确定授予价格或授予价格的确定方法。授予价格不得低于股票票面金额，且原则上不得低于下列价格较高者：（一）股权激励计划草案公布前1个交易日的公司股票交易均价的50%；（二）股权激励计划草案公布前20个交易日、60个交易日或者120个交易日的公司股票交易均价之一的50%。上市公司采用其他方法确定限制性股票授予价格的，应当在股权激励计划中对定价依据及定价方式作出说明。"

《上市公司股权激励管理办法》第四章《股票期权》第二十九条："上市公司在授予激励对象股票期权时，应当确定行权价格或者行权价格的确定方法。行权价格不得低于股票票面金额，且原则上不得低于下列价格较高者：（一）股权激励计划草案公布前1个交易日的公司股票交易均价；（二）股权激励计划草案公布前20个交易日、60个交易日或者120个交易日的公司股票交易均价之一。上市公司采用其他方法确定行权价格的，应当在股权激励计划中对定价依据及定价方式作出说明。"

具体定价方法依照激励股票的来源——存量或增量而定：

如果激励股票来源为存量，按照《公司法》中关于回购股票的相关规定，激励对象不用出资购买作为奖金性质的股票。

如果激励股票来源为增量，也就是企业通过定向增发的方式取得股票（股票的定向增发），应参考《上市公司证券发行管理办法》中有关定向增发的定价原则，同时结合股权激励的效应予以正确定价。

上市企业定向增发股票的定价公式如下：

定价基准日前20个交易日的股票交易均价＝定价基准日前20个交易日的股票交易总额 ÷ 定价基准日前20个交易日的股票交易总量

其中，"定价基准日"是计算发行定价的基准日。定价基准日可以是关于本次非公开发行股票的董事会决议公告日、股东大会决议公告日、发行期首日。

2017年第二季度，上市公司科大讯飞股份有限公司（下称"科大讯飞"）董事会决定，向激励对象授予限制性股票激励计划。授予激励对象922名，共授予6258.4万股，首次授予权益的日期为2017年4月21日。当时，科大讯飞在二级市场上的股价为30多元，而激励计划首次授予价格为13.795元。显然这一价格低于股票均价的50%，科大讯飞在股权激励草案中做出充分分析，披露其对股东权益的摊薄影响，并上报中国证监会下属"上市公司监管部"下属的"提交重组审核委员会"，讨论后予以审核，经同意后方才实施。

因此，上市企业在实施股权激励时，一定要按照《上市公司股权激励管理办法》中的相关规定。如果授予股票的价格过低，则应上报中国证监会予以审核，通过后才可实施。

算好用于激励的股票总量与个量

企业应该拿出多少股份用于激励？激励对象应该获得多少用于激励的股份？用于股票激励的股票总量与个量需要经过严谨、科学、客观地评估制定。确定用于股权激励的股票数量不仅要考虑成本和收益，还要考量股权激励计划的效果。

1. 用于股权激励的股票总量的确定

股权激励计划有效期内授予的股票总量就是用于股权激励的股票总

量。上市企业用于股权激励的股票总量应结合本企业的股本规模、激励对象、激励类型等因素而定;非上市企业用于股权激励的股票总量,法律并没有强制规定,企业可根据需要自行决定,但仍然要结合企业的现状,不能盲目设定。设定用于股权激励的股票总量时需要考虑几项因素(见图7-2):

(1)法律规定

《上市公司股权激励管理办法》第十四条规定:"上市公司全部在有效期内的股权激励计划所涉及的标的股票总数累计不得超过公司股本总额的10%。"

某地产公司于2011年授予企业激励对象共800万份股权,约占当时企业股本总额的1.24%;某电器公司在2014年公布的第四期股权激励计划中,公告拟授予激励对象共计5456万份股权,约占当时企业股本总额的2.01%。这两家公司的激励股权总量都未超过股本总额的10%,符合法律规定。

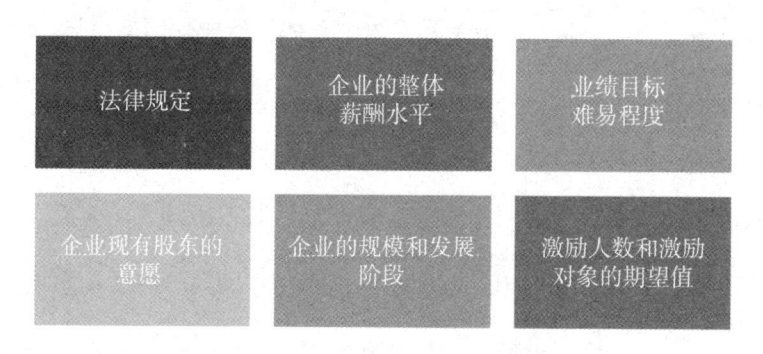

图7-2 设定股权激励总量的相关因素

(2)企业的整体薪酬水平

企业的整体薪酬水平与用于实施股权激励的股票总量成正比关系,如果企业的整体薪酬水平比同行业其他企业偏高,用于激励的股票总量可以少一些；如果企业的整体薪酬水平比同行业其他企业偏低，用于激励的股票总量就需要多一些。

原则只有一个，最终使员工的收入（股权激励所得收益＋薪酬＋福利）超过行业平均收入水平。

（3）业绩目标的难易程度

企业业绩的完成度除了与员工能力相关之外，也与目标的难易程度相关。如果业绩目标难度较高，则完成难度就大，激励对象要付出更多的努力，股权激励就应加大力度，这将导致用于股权激励的股票总额增加。反之，企业业绩目标难度较低，则完成难度就小，激励对象付出的努力也小，股权激励的力度也应适当降低，因此用于股权激励的股票总额度也将减少。

（4）企业现有股东的意愿

实施股权激励一定会导致现有股东的股权被稀释，因此用于股权激励的股票总额度的大小与当前股东关系重大，需要争取他们的意见。

若是具有分享精神和长远眼光的股东，会愿意拿出更大总量的股票用于股权激励；若是分享精神较差或内部人文环境不佳的企业，能够拿出用于股权激励的股票额度必将受限，也可能导致股权激励无法实施。若因为现有股东或高层管理人员阻挠，而致股权激励计划胎死腹中，就需要企业从管理上入手进行彻底整顿了。

还应注意，不能单纯地为实施激励而不顾一切，还需要考虑股东控制权及留存股票的最高额度（当下股东所能忍受的股权稀释的最大程度）。

（5）企业的规模和发展阶段

如果企业规模较小，尚处在中低级发展阶段，用于股权激励的股票总量就该大一些，否则绝对金额太小，没有吸引力，难以产生激励效果。当企业发展到较大规模之后，用于股权激励的股票总量就可以小一些，一则因为企业在发展阶段通过股权激励和股权融资两项，已经释放出大量股权；二则因为企业体量大，虽然用于股权激励的股票总量小，但仍然能保证绝对金额的吸引力，能够产生有效的激励作用。

（6）激励人数和激励对象的期望值

这一点可以分为四种情况考虑：①如果激励对象的人数较多，且激励对象中有人对企业的贡献很大，贡献大的个体一定对股权激励期望很大，其他个体也会紧盯着贡献大的个体的股权所得，这个时候就要拿出相当数量的股票用以激励；②如果激励对象的人数较多，即便激励对象的期望值不高，也要拿出相对较大的股票总量用于激励；③如果激励对象的人数较少，且激励对象的确对企业贡献巨大，那么激励对象一定对激励的期望值很大，用于激励的股票总量就要多一些；④如果激励人数很少，对激励的期望值也不高，则可以拿出少量股票用于激励，但也要控制下线，过少则容易丧失人心。

2. 股权激励中个体应得股票额度的确定

在股权激励时，个体应得股票额度的确定，需要遵循"3P元素"——即岗位因素（Position）、个人因素（People）、绩效因素（Performance）。

结合我国企业股权激励的现状，在施行之前必须考虑这三个因素，才可以决定授予各个激励对象的股票份额。

（1）岗位因素

指具体岗位的贡献值。企业中的不同岗位从工作性质到贡献价值是有差异的，因此要对岗位在企业中的影响范围、职责大小、工作难度和强度、任职条件等进行评价，以确定各种岗位在企业中的相对价值。

常用的方法有"海氏岗位价值评估法""岗位分类法""交替排序法""IPE岗位价值评估法""岗位参照法""因素计分法"等。

（2）个人因素

对于企业员工个人的价值评估可以参考很多维度，如价值观认同度、历史绩效、工作能力、责任心、工龄等。不同企业应根据自身情况采用不同的评估方法，但总体而言可借鉴以下三个步骤：首先，选定对企业最重要的几项评估因素；其次，对各个因素赋予相对应的权重；最后，通过数据的录入和处理计算出个体的加权得分，作为个人因素的最终得分。

（3）绩效因素

该因素决定了激励对象所获股票最终可行权的数量。绩效指标通常由企业级指标达成率、部门级指标达成率、个人级指标达成率组成。

企业级绩效指标包括企业营业收入、净利润、净资产收益率等；部门级绩效指标通常指部门经营计划的完成情况；个人级绩效指标可从工作任务、岗位职责、流程节点等方面切入。

在实施绩效考核时，除了上述"3P 因素"需要重点考虑外，还应该考虑另外三项内容，即企业对个人的依赖程度、与其他员工的收入差异、同行竞争企业的薪酬水平。

通常情况下，在企业规模较小时，会对高级管理人员予以 4%～8% 或者更高比例的股权激励额度，这样做是为了快速招揽人才和形成凝聚力。当企业发展到一定规模之后，就不能再以股份比例的形式进行激励，因为涉及的对象多，而股份是有限的，若按股份比例分配将很快消耗掉企业的股份余额。因此，可以按照股份数进行激励，也就是将企业的股本用一个直观的数据表示出来，如3000万股、6000万股、9000万股等，而准备用于激励的股份数额也用数据表现出来，如520万股、1314万股等。

X公司决定用股权激励的方式留住贡献重大的人力资源总监。通过对市场和同行竞争企业调查，知道该职位一般授予的股份数量在25万～60万股之间。公司决定授予该总监55万股股权。

Y公司为了更好地调动核心管理人员和研发人员的工作积极性而进行股权激励，激励对象获得股份额度的形式是个人价值评估得分和个人贡献价值评估得分之和。

Z公司确定高管A在获得股权激励并成功兑现后的总金额为300万元。此后公司根据股份价格模型，估算出A获得的股权在行权时的估价大概为12元/股，则公司授予A的股份数量是25万股。

这三个案例在股权激励上分别采用了三种个体额度的确定方法：

X公司采用了"双参考模式"，即基于薪酬基础，既参考某一职位可授予股份数量的市场水平范围，也参考企业内部该职位的重要性和价值大小，通常需要高于市场平均水平。

Y公司采用了"双评估模式"，即以价值评估模型和贡献评价模型为基础，针对每位激励对象对企业的价值输出和贡献程度进行评分，并按照得分占总分的比例进行股权分配。

Z公司采用了"单面确定模式"，这模式需要预先设定给予激励对象的股权在兑现后的总金额，然后根据股权价值模型推算出授予的数量。

总之，企业授予激励对象股权时，应根据当下经营的具体状况，以及未来的发展前景进行设计。如果是上市企业还要考虑股价在市场上的表现，再决定最终的授予价格和数量。

充分了解须满足的企业条件与个人条件

获得任何收益都需要一定的条件限定,达到了条件,收益之门自然会打开,否则就会无限期关闭。关于股权获取与行使的条件限定条件可以分为企业条件与个人条件两大类(见表7-1):

表7-1 股权获取与行使的条件限定

企业条件	企业经营目标:超越行业平均净利润指标为基本条件(以财务数据高于行业平均水平为衡量标准)
	企业战略目标达成状况:包括经济目标和非经济目标、定性目标和定量目标(通过设置"跳起来够得着"的业绩指标作为股权激励的条件之一)
个人条件	授予条件:授予激励对象股份时,激励对象必须满足职务、工龄、绩效考核、工作态度、价值观相符等综合评价标准
	行权条件:激励对象对所获股份行权时必须满足于企业相关的条件,如企业总体业绩、企业利润率、企业增长率、激励对象锁定期内绩效考核结果等

此表清晰地表明了获得股权与行权应满足的条件:必须在超越行业平均水平和达到企业战略目标后才能考虑进行股权激励,激励对象也需要同时满足授予条件和行权条件才能真正获得股权。

1. 时间不是条件,业绩才是

满足条件的因素应是业绩,而不是时间。如果以时间为满足条件的因素,激励将变成福利,失去了原本该有的意义。

比如用限制性股票或期权等模式激励时，要求在未来的某个时间节点才能行使自己的权利（行权期），就很容易被误解为按照时间期限确定激励条件。行权期只是期限截止日期，是股权激励的时间，而非条件。到了截止日期而条件尚未达到的，就不能行使权利。

2. 达到标准后需要经过股份锁定期

当员工业绩达到条件要求后，是否可以立即拿到股权激励的经济好处呢？不可以的，原因是还会有一段股份锁定期的限制。

股权激励不同于业绩奖励，业绩奖励（奖金、提成、分红等）通常以现金方式兑现，但金额不是很多。股权激励是一种能够获得激励资格却不能立即获得经济回报的激励方式，它的好处是一旦转化为直接经济收益则相当可观，而且是长期性的。

比如上市企业或在"新三板"挂牌的企业，在获得以内部低价买入股票的资格后，必须经过一个锁定期，才能正式行使权利。这样做的好处是，如果企业上市，用于激励的股票均来自增发所得，价格低；如果在条件满足后立即行权，势必会影响到企业股票在市场上的价格。而且，在锁定期员工也可以对企业未来的成长性做进一步期盼，希望与企业一同成长的意愿会更足，从而对员工有增强性的激励作用。

3. 未能行权的解决办法

条件定下之后，并不能保证一定能按条件实现行权，若是激励对象达不到行权条件或者达到条件但未及时行权的，应该如何应对呢？

对于问题中提出的两种情况可分别采取相应办法解决：①激励对象的业绩或企业的业绩未能满足行权条件，则当期的股权激励计划不能实行，这时这部分股权激励计划的标的应由企业进行注销或按照原授予的价格予以回购；②激励对象的业绩符合行权条件，企业的业绩也达到了行权条件，但激励对象未在行权期内全部行权，企业应该本着对员工负责的态度，及时处理此股权的遗留状况，处理方法仍然是将激励对象未行权部分的股权进行注销或者按照原授予价格回购。

之所以要写明达不到条件之后的解决方式，是因为激励对象一定不愿意参加有可能让自己遭受经济损失的股权激励计划。因此，一般企业通常会进行约定，如果激励对象不能行权或者放弃行权的，企业会以激励对象支付的成本价及相应的利息予以回购，这种做法就保证了股权激励计划能够顺利实施。

确认各环节的时间

实施股权激励计划需要准确把握激励的时间。注意，这个时间不是单纯的股权授予时间，而是整个激励过程中各个环节的时间设定，也就是要合理地安排授予时间表。

在讨论股权授予时间之前，先来看看授予的时机如何确定。因为股权激励往往是针对企业中的个体，所以激励的时间元素也将从个人角度考虑，如入职时、升职时、业绩评定时、业绩指标下达时、取得重大成果时、企业实现跨越式发展时等。

经过广泛的调查研究得到的结论，往往在员工（按级别区分）入职、升职、下达业绩目标时授予股权的情况最多，而业绩评定时或取得重大成果时授予股权的情况较少。也就是说，面向未来比成绩取得后更常作为实施股权激励的时间取向，这也是股权激励的重要价值所在。

企业在上市前和上市后都可以进行股权激励，上市前的股权激励效果最好，只是设计和实施起来比较困难；上市后的股权激励效果要看方案设计的合理性和公平性，但实施方便，套现也方便。

1. 股权激励的有效期

实施股权激励的企业，必须明确规定股权激励的有效期——即从激励对象开始获得股票或期权之日起，到股票或期权结束行权的日期。激励对象如果在有效期内努力工作，创造出好业绩，当到期后通过考核，就可以行权，得到属于自己的收益。

（1）授予日就是起始日期，股权激励方案确定后，企业授予激励对象股权行为的实际发生日期。明确授予日之后有利于员工安排自己的工作。

（2）解锁日就是结束日期，激励对象在规定时间内通过企业考核后，就可以解锁股权，行使自己的权利。明确解锁日之后有利于打造企业诚信。

某公司发布了限制性股票的股权激励计划，并规定本计划的有效期，起始日是限制性股票授予之日，结束日是激励对象获授的限制性股票全部解锁或回购注销之日，跨度为最长48个月。为了起到更好的激励作用，还在中间划分出了第一解锁时间，设定二级起始日和结束日，分别是：自首次授予日起满一年后的首个交易日，此次解除限售比例是60%；首次授予日起两年内的最后一个交易日，此次解除限售比例是40%。

对于非上市企业来说，授权日没有法律限制，可以自行确定。但对于已上市企业来说，在设定起始日和结束日时，还要知道授予日必须为交易日，而且需要遵守以下原则：

（1）企业定期报告公告前30日内至公告后2个交易日内，因特殊原因推迟公告日期的，自原公告日前30日起至最终公告日。

（2）企业的业绩快报、业绩预告公告前10日内至公告后2个交易日内。

（3）可能对企业股票交易价格产生重大影响的大事件发生之日（或在决策过程中）至依法披露后2个交易日内。

（4）中国证监会及证券交易所规定的其他期间。

2. 股权授予的时间轴

一份详细的股权计划不仅包括授予日和解锁日，还包括等待期、行权期、失效日和有效期，统称为"三日三期"（见图7-3）：

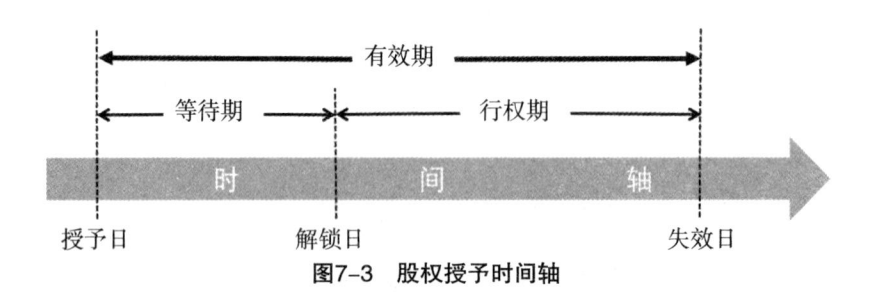

图7-3 股权授予时间轴

从授予日开始的等待期中，激励对象需要在条件设定的时间内等待。在解锁日后（等待期到期），激励对象可按事先约定一次性或逐步获得行权的权利。

等待期结束后，从解锁日开始至行权期失效日的这一段时间就是行权期。在行权期内的每一个交易日都是可行权日，即为获得股票或期权的激励对象正式行权的日期。在失效日第二天，如果激励对象还没有行权，就视作激励对象主动放弃行权。

等待期和行权期的整个时间跨度就是有效期。在股权激励合同中必须明确规定有效期，股权激励必须也只能在这个期限内执行，超过该期限，激励计划自动作废。从激励对象的角度考虑，鉴于股权激励的价值与有效期成正相关关系，有效期越长，股权激励的时间价值就越长。但对企业来说，股权激励的有效期越长，未来的不可预测性越大。

某公司实施一项股票激励计划，明确授权日为2018年1月1日，行权有效期设定为从激励对象被授予股票期权的授权日起的四年内。在有效期满后，已授出但尚未行权的股票期权作废，由公司注销。2020年4月，公司董事会做出决定，行权期自当月16日后的一年整内，激励对象可自主行权部分股票。这期间的任何交易日都是可行权日。禁售期就是从2018年1月1日至2018年4月15日。

在制订股权激励计划时，时间点的设定非常重要，必须予以明确，尤其是上市企业，如果时间点模糊，则无法通过证监会审核。即便是非上市企业，时间点模糊也会为激励对象带来隐患，不利于企业长远发展。

设定平稳的退出机制

某公司创始两年，经营状况一般，其中一名创始人股东申请离开，此时有无股权退出的约定就成了解决问题的关键。如果没有股权退出约定，极大的概率会发生矛盾。但如果之前划分股权时进行了书面约定，就可以做出相关处理：①该创始人股东未成熟兑现的股权，可以选择无偿赠与公司其余创始人股东，或者其余创始人股东以极低的价格（比如1元）购买；②对于已成熟兑现的股权，其余创始人可以按照划分股权时约定的回购价格进行收购。

为了让退出约定能够顺利实施，创始人股东划分股权的书面约定需要注意两点：

（1）在协议中约定退出者如果不愿意出让股权，必须承担高额违约金。

（2）对于股权转让价款的支付期限，建议约定较长时限（至少一年或者几年），以免其他股东在短时间内面临较大的现金压力，给企业带来经营困难或者无法完成回购。

股权激励还需要制定详细的退出规则，包括制定不同情况下的退出条件，以及正常合理的退出价格。

1. 直接退出

若激励对象出现严重错误，触发了激励协议中错误范围的界限，已不再适合继续享受股权激励，企业可无偿收回对该激励对象的期权。该种方式适用于通过期权或代持股方式对员工开展股权激励的企业，因为员工并未真正拥有企业股权，无须激励对象配合便可直接收回股权。

2. 股权回购

对于普通激励对象，企业可支付一定金额，用以回购此前实施某种激励方式承诺给予激励对象的股权（激励对象达到考核条件）。

未成熟的股权不存在回购，因为激励对象没有达到行权条件，这部分股权仍归企业所有，直接收回放入期权池即可。还有一种更快捷也便于操作的方式，就是用"1元钱"回收激励对象所有未成熟的股权。

对于退出者已经成熟的股权在回购定价时，可以按照企业当时的净资产、净利润、估值来确定或按原来的购买价格、企业最近一轮融资估值来确定。

以企业净资产和净利润定价，要有一定比例的溢价，因为企业回购了激励对象手中未来的收益权。若是按照估值定价需有一定折扣，因为估值代表着企业未来一段时间的价格。

参照原来的购买价格定价，需按年利率溢价收购。比如，某退出创始人原来以10万元的价格购买了企业10%的股份，现在可以按照年利率的10%溢价回购。

参照企业最近一轮融资估值定价，需以一定折扣价回购股权，毕竟企业在融资之后会有短时间的估值提升。

注意：无论采用哪一种方式定价回购，都会在一定时间段内影响企业的现金流，因此需制定好预防策略。

3. 股权成熟

通常股权采用按年成熟的模式，通过股权是否成熟可以直接判定股权是否正式由股权所有人所有。

A、B、C三人合伙创业，股权比例是1∶3∶6。根据划分股权时的书面约定，股权成熟期为四年：每人的股份都均分为四份，每干一年成熟25%，四年期满后全部成熟。

一年后A决定退出，其手上持有10%的公司股份需要妥善处理。A的股份只成熟了四分之一，即25%，将由B和C按照事先约定的金额回购。A不再对余下的不成熟的75%股份有任何权利，既可以直接分配给B和C（分配比例二人协商），也可以通过B和C分别代持的方式存入股权池，以便将来重新找新合伙人代替A的位置。

4. 退出价格

对于已上市企业或在交易市场挂牌的企业，股价可以直接通过市场体现，且使用股票进行套现较为容易。

对于非上市企业，无法通过资本市场确定股价，退出价格的制定可以参考下列几种方式：

（1）以退出股权激励时最近一次财务报告上的企业净资产价格作为定价基础。此方案评估成本最低，但对激励对象最为不利。因此，要有一定比例的溢价，因为企业回购了激励对象手中未来的收益权。

（2）引进第三方机构对企业价值进行评估，以评估价作为定价基础。本方案最为公正，但成本最高。

（3）以退出股权激励时最近一次的企业融资估值作为定价基础。本方案基本没有评估成本，对激励对象最有利，但考虑到未来预期的溢价，对企业最不公平。因此，按照融资估值定价需要有一定折扣，因为估值代表着企业未来一段时间的价格。

（4）约定一个固定的金额或者固定的价格计算方式。本方案没有评估成本，更利于价格的确定，但对于未来的变化会存在争议。

（5）以原来的购买价格为基础，并按年利率溢价作为定价基础。本方案没有评估成本，但对于溢价的幅度会产生争议。

下部　股权控制权

第八章
股权控制权稳固的关键问题

　　股权架构之所以重要，是因为股权关系到企业控制权。合理划分股权有利于企业创始人/团队更加有力、有效、有保障地掌控企业。而掌握控制权不是简单地掌握更多股份，它需要对股权进行相关设计，这就涉及一些特别的定义。

公司章程与股东出资协议的关系

《公司法》第十一条："设立公司必须依法制定公司章程。公司章程对公司、股东、董事、监事、高级管理人员具有约束力。"

也就是说，公司章程是法律必备的规定公司组织及基本规则的书面文件，可以看作公司的"根本法"。公司章程中应明确规定企业名称、办公或生产地址、经营范围、经营管理制度等重大事项，是企业创设后必备的规定其组织及活动基本规则的书面文件。

公司章程是股东共同一致的意思表示，载明了企业的组织和活动的基本准则，是企业的宪章。公司章程具有法定性、真实性、自治性和公开性的基本特征。

股东出资协议是股东为成立公司而达成的出资运营协议，是就未来的投资、运营和分红达成一种约定，属于运营契约。股东出资协议的核心项目有：企业名称、办公或生产地址、注册资本、经营范围、股东出资比例等，其中必须明确体现出各股东的出资额、出资方式、出资时间及各自所应承担的责任义务等。

通常情况下，公司章程中的约定没有股东出资协议详细，一些细节问题涉及不到，当股东出资协议与公司章程不一致时，极易导致股东权益纠纷。

A 和 B 合伙创业，双方签订了《合作投资协议书》，但 A 在前期投入到位，且公司注册成立的情况下，突然决定终止出资，理由是与 B 三观不合，无法继续合作。A 认为公司成立后，公司章程就代替了《合作投资协议书》，而公司章程中没有约定必须继续出资。这种情况下，B是否有权要求A继续履行出资义务呢？

B有权继续要求A履行出资义务，因为在双方自愿签订的《合作投资协议书》中并没有注明该协议书无效的情形，所以该协议书应当被认为是合法有效的协议。而且，公司章程与股东出资协议并非替代关系，而是并列关系，即便公司章程出台，《合作投资协议书》依然有效。

总之，公司章程与股东出资协议在企业名称、注册资本、经营范围、股东出资比例等诸多方面有相同之处，但并不表示两者具有相同的功能，因此不能简单地认为设立公司章程后就可以取代股东出资协议（见表8-1）。两者并不是非此即彼的对立关系，而是可以共存的。

表8-1 公司章程与股东出资协议对比

对比项	公司章程	股东出资协议
效力范围	对于企业内部所有人员都具有约束力	限于签订协议的股东内部之间
性质	法律要求必须设立	法律不要求必须设立
不同点	侧重于对企业制度的约定	侧重于对股东行为的约束
相同点	公司名称、注册资本、经营范围、股东出资比例等	

股东出资协议虽然法律不要求必须制定，但在企业层面仍是必须制定的，其法律效力的范围限于签订协议的股东内部之间。根据《公司法》第十一条规定：公司章程对公司、股东、董事、监事、高级管理人员具有约束力。

同股同权与同股不同权

同股同权是很多人对股权的基本认知，认为实际利益与股份多少画等号，股份多则权力大，股份少则权力小。在同股同权的概念下，个人要在企业中获得更大权力，只能靠增加自己的股份占比。但事实上，很多大企业创始人在经历数轮融资和股权激励后，股权占比已经很少了，却仍然能牢牢掌控企业，其原因就在于改变了股权的设计，采用了同股不同权的办法。本节来讲讲这两种股权概念差异。

1. 同股同权

同股同权即同样的股份拥有同样的权利。同股同权是指同一类型的股份应当享有一样的权利。同一企业中，股权比例与表决权、分红权均呈现一体化，所有股东的权利都根据股权比例确定，因此也被称为"一元股权结构"。在实际运用中，该种股权结构存在几个表决权节点（见图8-1）。

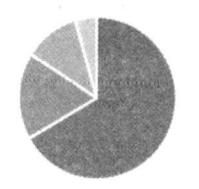

一方持股比例达66.7%
- A股东66.7%
- B股东17.3%
- C股东11.5%
- D股东4.5%

一方持股比例达51%
- A股东51%
- B股东32%
- C股东12%
- D股东5%

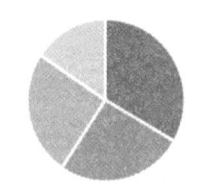

一方持股比例达33.4%
- A股东33.4%
- B股东28.6%
- C股东25%
- D股东15.6%

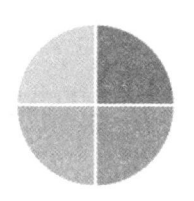

各方持股比例均等
- A股东25%
- B股东25%
- C股东25%
- D股东25%

图8-1 一元股权结构的表决权节点

上图中的四种情况下，A股东对企业的控制程度差异很大。第一种情况，除非公司章程对某类事项的股东表决人数做出最低底线要求，否则A股东对任何事项都可以单方面形成有效表决；第二种情况，A股东对企业具有相对控制权，对法律规定必须达到三分之二表决权的事项无法掌控；第三种情况，虽然A股东无法对企业形成控制，但拥有对重大事项的"一票否决权"，因为余下66.6%的股权构不成三分之二表决权，那些法律规定必须达到三分之二表决权的事项将无法通过；第四种情况最糟糕，企业做任何决议都需要各方达成一致，若有个人私利作祟，矛盾将难以避免。

2.同股不同权

同股不同权即持有相同股份的股东，所享有的对企业事务的决策权、监督权或资产收益权不同。同股不同权更强调对企业的控制权，主要是股东之间表决权不对等，同一企业中有些股东的表决权是"一股一票"，有些股东的表决权是"一股多票"。

因此，同股不同权也被称为"二元股权结构"或"双层股权结构"，是一种通过分离现金流和控制权对企业实行有效控制的手段。这种股权结构主要适用于允许"同股不同权"（资本结构中包含两类或多类不同投票权的普通股架构）的境外市场。

在二元股权结构下，企业可以发行具有不同级别表决权的两类股票，一类股票的表决权级别高，另一类股票的表决权级别低。因此，企业创始人和创始团队可以获得比采用"同股同权"股权结构下更多的表决权。

某公司上市后采用双层股权结构，将股票分为A类和B类。向外部投资人公开发行A类股，每股对应1票投票权；向内部管理层发行B类股，每股对应10票投票权。该公司发行的股票共计1000万股，其中A类股800万股，全部由其他投资机构和外部股东持有；B类股200万股，全部由公司创始团队兼管理层持有。那么，A类股一共有800万投票权，而B类股则有2000万投票权，投票权超过三分之二，创始团队对公司形成绝对掌控。

正是因为同股不同权，持有少数B类股的创始人和创始团队即便因为多轮融资失去了多数股权，也依然能凭借掌握投票权而持续掌控企业。

通常"同股不同权"（表决权差异），与股票的所有权、收益权、分红权不发生关系，每股的价值不变。

国内A股之前并不允许采用"同股不同权"的企业上市，但允许企业发行优先股，这样也可实现投票权的分层设计，以保护部分股东对企业的控制权。

《国务院关于开展优先股试点的指导意见》对优先股的相关规定如下（摘录重要部分）：

第二条：优先股股东按照约定的票面股息率，优先于普通股股东分配公司利润。公司应当以现金的形式向优先股股东支付股息，在完全支付约定的股息之前，不得向普通股股东分配利润。

第四条第一、二款：公司可以在公司章程中规定优先股转换为普通股、发行人回购优先股的条件、价格和比例。转换选择权或回购选择权可规定由发行人或优先股股东行使。

第五条：除以下情况外，优先股股东不出席股东大会会议，所持股份没有表决权：（1）修改公司章程中与优先股相关的内容；（2）一次或累计减少公司注册资本超过百分之十；（3）公司合并、分立、解散或变更公司形式；（4）发行优先股；（5）公司章程规定的其他情形。上述事项的决议，除须经出席会议的普通股股东（含表决权恢复的优先股股东）所持表决权的三分之二以上通过之外，还须经出席会议的优先股股东（不含表决权恢复的优先股股东）所持表决权的三分之二以上通过。

第七条：以下事项计算持股比例时，仅计算普通股和表决权恢复的优先股：（1）根据公司法第一百零一条，请求召开临时股东大会；（2）根据公司法第一百零二条，召集和主持股东大会；（3）根据公司法第一百零三条，提交股东大会临时提案；（4）根据公司法第二百一十七条，认定控股股东。

第八条：公开发行优先股的发行人限于证监会规定的上市公司，非公开发行优先股的发行人限于上市公司（含注册地在境内的境外上市公司）和非上市公众公司。

第十条第一款：公司公开发行优先股的，应当在公司章程中规定以下事项：（1）采取固定股息率；（2）在有可分配税后利润的情况下必须向优先股股东分配股息；（3）未向优先股股东足额派发股息的差额部分应当累积到下一会计年度；（4）优先股股东按照约定的股息率分配股息后，不再同普通股股东一起参加剩余利润分配。

第十一条第一款：优先股应当在证券交易所、全国中小企业股份转让系统或者在国务院批准的其他证券交易场所交易或转让。

第十四条：以下事项计算持股数额时，仅计算普通股和表决权恢复的优先股：（1）根据证券法第五十四条和第六十六条，认定持有公司股份最多的前十名股东的名单和持股数额；（2）根据证券法第四十七条、第六十七条和第七十四条，认定持有公司百分之五以上股份的股东。

中国证监会于 2014 年 3 月 21 日公布《优先股试点管理办法》，进一步细化了明确优先股的相关规则,规定符合条件的上市企业和非上市公众企业可以发行优先股。

因此,相对于普通股而言,优先股只对特殊事项有投票权,对其他事项无投票权,但有固定的股息率,可优先分配利润。在国内A股上市也可以通过发行优先股而保有对企业的控制权。

股东是否有权撤资

A与B合伙创办公司,约定A占股60%,B占股40%。经营一段后,业务进展平平,为扩大竞争优势,又引入了C,股权结构调整为A占45%,B占25%,C占30%。但此后经营依然不顺利,公司逐渐陷入亏损,B找到A希望撤资。

这是创业企业的创业者们经常会遇见的情况,创立时雄心万丈,过程中焦头烂额,分手时一团乱麻。那么,B是否可以提出撤资?A又是否有资格同意呢?

《公司法》第三十五条规定:公司成立后,股东不得抽逃资金。也就是说,任何人都没有随意撤资或同意他人撤资的权力。《公司法》这样的规定是对企业合法经营和债权人权利的一种保护。如果允许股东随意撤资,企业经营将无法稳定。因此,任何人随意撤资或允许他人撤资都将涉嫌抽逃资金,不仅企业将面临巨额罚款,股东个人也要承担法律责任。

《公司法》第二百条:"公司的发起人、股东在公司成立后,抽逃其出资的，由公司登记机关责令改正，处以所抽逃出资金额百分之五以上百分之十五以下的罚款。"

《最高人民法院关于适用〈中华人民共和国公司法〉若干问题的规定（三）》第十二条："公司成立后，公司、股东或者公司债权人以相关股东的行为符合下列情形之一且损害公司权益为由，请求认定该股东抽逃出资的，人民法院应予支持：（一）制作虚假财务会计报表虚增利润进行分配；（二）通过虚构债权债务关系将其出资转出；（三）利用关联交易将出资转出；（四）其他未经法定程序将出资抽回的行为。"第十四条："股东抽逃出资，公司或者其他股东请求其向公司返还出资本息、协助抽逃出资的其他股东、董事、高级管理人员或者实际控制人对此承担连带责任的，人民法院应予支持。公司债权人请求抽逃出资的股东在抽逃出资本息范围内对公司债务不能清偿的部分承担补充赔偿责任、协助抽逃出资的其他股东、董事、高级管理人员或者实际控制人对此承担连带责任的，人民法院应予支持；抽逃出资的股东已经承担上述责任，其他债权人提出相同请求的，人民法院不予支持。"

但出资入股也不是无限期的绑定行为，有四种方式可以实现合法撤资：

（1）通过股权转让的方式，将自己的股权转让给其他股东或股东以外的第三人。

（2）通过减资的方式完成撤资，但因涉及减少公司注册资本，必须履行议事程序和表决程序，还要进行公告，通知债权人等。

（3）在达到一定条件的情况下（企业要求和个人要求），股东可以要求公司回购其股份。

（4）在公司破产后，通过清算将公司财产进行回收，但这种方法的启用就意味着公司濒临死亡。

股权代持后隐名股东的权益维护

股权代持是隐名股东借用他人名义设立公司或以他人名义认购公司股权的行为，在公司章程、股东名册和工商登记中没有隐名股东的任何记录，代之的是为其代持股权的挂名股东。

挂名股东享有的只是权利外观，并不享有权利实质，由股权产生的所有分红及管理权均属于隐名股东。

我国法律并不禁止股权代持，只要股权代持协议不违反法律的强制性规定，都是有效的。代持行为虽然避免了企业创立之初股权频繁变更的麻烦，但对于隐名股东和挂名股东都存在较大风险。

挂名股东将面临三种风险：

（1）因隐名股东违约不投资，挂名股东将面临履行出资义务的风险。

（2）挂名股东在被迫出资后可向隐名股东索取赔偿，但要面临诉讼风险。

（3）隐名股东在解除代持协议时，挂名股东可能面临税收风险。

隐名股东也将面临三种风险：

（1）隐名股东与挂名股东的合同效力时效导致的风险。《最高人民法院关于适用〈中华人民共和国公司法〉若干问题的规定（三）》中提出，满足四个条件,则隐名股东与挂名股东的合同效力失效:①一方以欺诈、胁迫的手段订立合同;②双方恶意串通;③以合法形式掩盖非法目的;④违反法律、行政法规的强制性规定。

(2)隐名股东的股东资格面临无法恢复的风险。《最高人民法院关于适用〈中华人民共和国公司法〉若干问题的规定(三)》第二十四条第三款:"实际出资人未经公司其他股东半数以上同意,请求公司变更股东、签发出资证明书、记载于股东名册、记载于公司章程并办理公司登记机关登记的,人民法院不予支持。"

(3)挂名股东滥用权利,导致隐名股东利益受损的风险,间接导致企业利益受损。由于隐名股东对被代持股份无法行使控制权,挂名股东有机会逐渐控制股份,因此很可能会滥用管理权、表决权、分红权、剩余财产分配权等权利,这将严重损害隐名股东的实际利益,也会对企业经营造成巨大风险。

无论是挂名股东所面临的风险,还是隐名股东所面临的风险,所反映的核心问题都是两种法律关系:即隐名股东和挂名股东之间的合法法律关系;挂名股东和第三人之间股权转让的法律关系。

A 在 X 公司出资,出于私人原因找到 B 为其代持股份,双方签订了《股权代持协议》。一年后,在 A 不知情的情况下,B 将其代持的全部股份转让给 C,此次转让经过了 X 公司其他股东过半数同意。那么,A 还有机会拿回股份吗?C 的受让是否合法?

这两个问题的关键点在于 C 获取股份是否为善意取得。如果是善意取得,则可以认定此次股权转让行为合法有效。

我国采取企业股权公示制度，以工商局登记、股东名册、公司章程对外产生法律责任，在隐名股东不知情的情况下，挂名股东将所代持股份转让给第三人，并经过其他股东同意，这种情况下第三人构成善意取得，此时隐名股东只能追究挂名股东的违约行为。

《最高人民法院关于适用〈中华人民共和国公司法〉若干问题的规定（三）》第二十二条："当事人之间对股权归属发生争议，一方请求人民法院确认其享有股权的，应当证明以下事实之一：（一）已经依法向公司出资或者认缴出资，且不违反法律法规强制性规定；（二）已经受让或者以其他形式继受公司股权，且不违反法律法规强制性规定。"

《最高人民法院关于适用〈中华人民共和国公司法〉若干问题的规定（三）》第二十四条："有限责任公司的实际出资人与名义出资人订立合同，约定由实际出资人出资并享有投资权益，以名义出资人为名义股东，实际出资人与名义股东对该合同效力发生争议的，如无《合同法》第五十二条规定的情形，人民法院应当认定该合同有效。前款规定的实际出资人与名义股东因投资权益的归属发生争议，实际出资人以其实际履行了出资义务为由向名义股东主张权利的，人民法院应予支持。名义股东以公司股东名册记载、公司登记机关登记为由否认实际出资人权利的，人民法院不予支持。实际出资人未经公司其他股东半数以上同意，请求公司变更股东、签发出资证明书、记载于股东名册、记载于公司章程并办理公司登记机关登记的，人民法院不予支持。"

但是，如果隐名股东有证据证明挂名股东与第三人恶意串通，则可以请求法院判令挂名股东与第三人之间的股权转让合同无效，由第三人返还股份。

隐名可以为股东带来额外好处，也会带来更大的风险。为了将风险降到最低，隐名股东一定要保护好自己的合法权益，下面对此提供几点建议：

（1）起草全面的股权代持协议，其中明确约定隐名股东和挂名股东的权利和义务。

（2）征得其他股东的同意，并让其他股东在股权代持协议中签字确认。

（3）选择了解的人代持，有必要签署私人间的约束协议。

（4）要求挂名股东将股权质押给隐名股东。

（5）保管好出资证明，证明购买股份的资金是隐名股东所出。

（6）直接参与企业管理，担任重要职务，以证明自己的股东身份和对企业的价值。

第九章
用小股权控制企业的 N 种设计

具备了股权思维和股权架构能力后,企业创始人/团队不需要通过掌握多数股权获得对企业的控制权,哪怕只占有极少的股权也一样可以行使控制权。本章列出七种常见的用小股权控制企业的股权模式。

一致行动人模式

一致行动人分狭义和广义两种：狭义的一致行动人是指在上市企业收购过程中，联合起来收购一个目标企业股份，并就收购事项达成协议的两个以上的人，也称为"联合收购人"；广义上的一致行动人是指不仅包括联合收购人，还包括在证券交易和股东投票权行使过程中采取共同行动的人。

对控制企业权力有利的是广义上的一致行动人，以下讨论的也是广义上的一致行动人。

在中国，关于一致行动人的规定，主要体现在《证券法》和《上市公司收购管理办法》中。2006年9月起施行的《上市公司收购管理办法》第一次明确提出"一致行动人"概念。

《上市公司收购管理办法》第八十三条："本办法所称一致行动，是指投资者通过协议、其他安排，与其他投资者共同扩大其所能够支配的一个上市公司股份表决权数量的行为或者事实。在上市公司的收购及相关股份权益变动活动中有一致行动情形的投资者，互为一致行动人。如无相反证据，投资者有下列情形之一的，为一致行动人：（一）投资者之间有股权控制关系；（二）投资者受同一主体控制；（三）投资者的董事、监事或者高级管理人员中的主要成员，同时在另一个投资者担任董事、监事或者高级管理人员；（四）投资者参股另一投资者，可以对参股公司的重大决策产生重大影响；（五）银行以外的其他法人、其他组织和自然人为投资者取得相关股份提供融资安排；（六）投资者之间存在合伙、合作、联营等其他经济利益关系；（七）持有投资者30%以上股份的自然人，与投资者持有同一上市公司股份；（八）在投资者任职的董事、监事及高级管理人员，与投资者持有同一上市公司股份；（九）持有投资者30%以上股份的自然人和在投资者任职的董事、监事及高级管理人员，其父母、配偶、子女及其配偶、配偶的父母、兄弟姐妹及其配偶、配偶的兄弟姐妹及其配偶等亲属，与投资者持有同一上市公司股份；（十）在上市公司任职的董事、监事、高级管理人员及其前项所述亲属同时持有本公司股份的，或者与其自己或者其前项所述亲属直接或者间接控制的企业同时持有本公司股份；（十一）上市公司董事、监事、高级管理人员和员工与其所控制或者委托的法人或者其他组织持有本公司股份；（十二）投资者之间具有其他关联关系。一致行动人应当合并计算其所持有的股份。投资者计算其所持有的股份，应当包括登记在其名下的股份，也包括登记在其一致行动人名下的股份。投资者认为其与他人不应被视为一致行动人的，可以向中国证监会提供相反证据。"

北京蓝色光标数据科技股份有限公司（下称"蓝色光标"）于2010年2月上市，五位创始人赵文权、孙陶然、吴铁、许志平、陈良华在公司上市后各人持股比例均不到10%，为了有利于掌握公司控制权，五人于2008年签署《一致行动协议》，协议约定：

（1）五人将在蓝色光标下列事项上采取一致行动，做出相同的意思表示：①行使董事会、股东大会的表决权；②向董事会、股东大会行使提案权；③行使董事、监事候选人提名权；④保证所推荐的董事人选在蓝色光标的董事会行使表决权时采取相同的意思表示。

（2）五人在限售期内不得退出《一致行动协议》，也不得辞去董事、监事或高级管理人员职务。

（3）在限售期满起三年内，五人如担任董事、监事、高级管理人员职务的，不得退出《一致行动协议》。五人中如有人提出辞去蓝色光标董事、监事、高级管理人员职务，在确认其辞职对蓝色光标无重大影响的前提下才可辞职；在辞职后公司运营满一个会计年度，年报显示其辞职对于蓝色光标的稳定经营无重大影响才可退出《一致行动协议》。

（4）担任蓝色光标董事长的一方不得退出《一致行动协议》，直至五人中的四人以上退出协议导致协议自动失效。

（5）在不违反国家法律法规的情形下，《一致行动协议》长期有效。

为进一步加强协议的约束力，五人又于2010年1月6日签署《一致行动协议的补充协议》，约定如任何一方违反《一致行动协议》的约定，擅自退出一致行动的，应缴纳1000万元的违约金。

《一致行动协议》是在实施"一致行动人"的基础上签署的。目的是解决企业创始团队股权分散，对外不能形成控制的状况。在签署《一致行动协议》后，创始团队依靠共同掌握的总股权比例，就能对外部投资人的股权比例形成优势。就像蓝色光标的五位创始人，通过《一致行动协议》将每人不到10%的投票权绑定，共计拥有47%的股份能够更好地实现对公司的控制。

创始团队签署的《一致行动协议》往往规定集中表决权，且在协议中明确当"一致行动人"内部无法达成一致，最终以某一人的意见为准。

掌阅科技股份有限公司（下称"掌阅科技"）于2017年9月在A股上市。上市后，第一大股东张凌云持股30.42%，第二大股东成湘均持股28.9%。为了更好地实现对公司的控制，张凌云和成湘均于2015年2月28日签署了《一致行动协议》和补充协议。约定如下：

（1）在掌阅科技股东大会审议相关议案行使表决权时，双方确保作为掌阅科技的股东行使权利时各方意见保持一致。

（2）在行使对掌阅科技的任何股东权力时，两人须协商一致，形成一致意见行使股东权利。

（3）在行使对掌阅科技的任何董事、管理层权力时，各方须协商一致，形成一致意见行使董事、管理层权利。

（4）两人行使股东、董事、管理层的提案权、表决权等权利无法形成一致意见时，以成湘均的意见为准。

（5）协议有效期为十年。

通过这份《一致行动协议》，张凌云和成湘均合计拥有掌阅科技58.93%的股份，达到了股权的相对安全线，占据过半数的公司投票权，为上市公司的实际控制人。同时约定当张凌云和成湘均意见相左时，以成湘均的意见为准，进一步确定了两人一致行动人的关系，形成了牢不可破的控制权同盟。

委托投票权模式

企业发展过程中都会经历 N 轮融资，每次融资都将稀释创始人/团队的股权，要想紧抓企业控制权，采取表决权委托是很好的策略。

委托投票权又称"表决权委托""表决权代理"，是指股东将其持有的企业股份对应的参与企业重大决策的权利委托给其他股东行使的法律行为。在这种机制之下，获得委托权的股东可以行使比自己所持股份更大的投票权利，从而在企业决策中拥有更大的影响力或控制权。

《公司法》第一百零六条："股东可以委托代理人出席股东大会会议，代理人应当向公司提交股东授权委托书，并在授权范围内行使表决权。"

《上市公司章程指引》第六十一条："股东出具的委托他人出席股东大会的授权委托书应当载明下列内容：（一）代理人的姓名；（二）是否具有表决权；（三）分别对列入股东大会议程的每一审议事项投赞成、反对或弃权票的指示；（四）委托书签发日期和有效期限；（五）委托人签名（或盖章）。委托人为法人股东的，应加盖法人单位印章。"

《上市公司收购管理办法》第五条："收购人可以通过取得股份的方式成为一个上市公司的控股股东，可以通过投资关系、协议、其他安排的途径成为一个上市公司的实际控制人，也可以同时采取上述方式和途径取得上市公司控制权。收购人包括投资者及与其一致行动的他人。"

实践中，委托投票权主要通过股东直接向受托人出具授权委托书或与受托人签订委托合同，约定由受托人代委托人行使企业股份对应的表决权。

在"新三板"挂牌的成都朋万科技股份有限公司（下称"朋万科技"），第一大股东是孟书奇，持股比例达35.27%，第二大股东为创始人刘刚，持股比例为29.25%。

为了公司能够良性发展，孟书奇自愿与刘刚签署《表决权委托协议》，将其持有的35.27%公司股份中除分红权和涉及委托人所持股份的处分事宜之外的其他权利委托给刘刚代为行使，具体包括：

（1）代为提议召开临时股东会或股东大会。

（2）代为行使股东提案权，提议选举或罢免董事、监事及其他议案。

（3）代为参加股东会或股东大会，行使股东质询权和建议权。

（4）代为行使表决权，并签署相关文件，对股东会和公司股改后股东大会每一审议和表决事项代为投票，但涉及分红、股权转让、股权质押、增资、减资等涉及委托人所持有股权的处分事宜的事项除外。

（5）委托人对表决事项不做具体指示，代理人可以按照自己的意思表决，但应顾及考虑委托人利益并兼顾公司发展的原则。

（6）其他与召开股东会或临时股东大会有关的事项。

（7）现行法律法规或者公司章程规定的除分红权以外的其他股东权利，但涉及股权转让、股权质押、增资、减资等涉及委托人所持股权的处分事宜的事项除外。

（8）受托人行使本授权委托书委托权限范围内的事项所导致的一切后果由委托人承担。

通过上述委托协议，刘刚虽然只持有公司29.25%的股份，却掌握了公司一共 64.52% 的投票权，成为公司的实际控制人。

双层企业架构模式

双层企业架构模式是创始人通过个人持股和其他企业持股的双重形式，掌握对企业的控制权。

三六零安全科技股份有限公司（下称"三六零公司"）从美国退市后，通过借壳江南嘉捷回归 A 股上市，并于 2017 年 12 月 29 日获得审核通过。根据重组报告书披露，三六零公司创始人周鸿祎已持有 23.4% 的股份，合计控制上市后的三六零公司共 63.7% 的投票权。

周鸿祎运用的是双层企业架构模式，分三部分实现：

第 1 部分：周鸿祎直接持有三六零公司上市后 12.14% 的股份和同等投票权。

第 2 部分：天津奇信志成科技有限公司（下称"奇信志成"）持有三六零公司上市后 48.74% 的股份。其中，周鸿祎在奇信志成的持股比例为 17.38%，其他 36 家机构的合计持股比例为 82.62%。奇信志成的股东于 2016 年 3 月 31 日签署了《天津奇信志成科技有限公司股东协议》及后续补充协议，约定奇信志成对三六零公司行使股东表决权时，根据周鸿祎的指示进行表决。周鸿祎为奇信志成的执行董事，而执行董事选举需由周鸿祎提名，且周鸿祎有权随时提名新的董事人选以取代其提名的执行董事。经过这样的设计，周鸿祎以较少的持股比例实际拥有了奇信志成的控制权，也就等于拥有了奇信志成所持三六零公司全部股份的控制权。

第3部分：天津众信股权投资合伙企业（有限合伙）（下称"众信合伙企业"）持有三六零公司上市后2.82%的股份。众信合伙企业由天津众信股权投资管理有限公司（下称"众信投资"）持股90%＋周鸿祎持股10%，而众信投资由周鸿祎99%持股。因此，周鸿祎对众信合伙企业的直接和间接出资比例达到99.1%，直接控制该公司对三六零公司2.82%股份的投票权。

根据三六零公司上市前的公司章程规定，公司董事会由七名董事组成，周鸿祎有权提名过半数（四名）的董事候选人。

三六零公司重组完成后，奇信志成因持有48.74%的股份成为三六零公司控股股东。周鸿祎直接持有12.14%的股份，通过奇信志成间接控制三六零公司48.74%的股份，通过众信合伙企业间接控制三六零公司2.82%的股份，合计控制三六零公司63.7%的股份和同等投票权，并拥有多数董事提名权，掌握公司实际控制权。

其实，周鸿祎通过直接控制众信投资达到间接控制众信合伙企业的目的，获得了众信合伙企业对三六零公司2.82%股权的控制权。周鸿祎对三六零公司的股权控制已经突破双层，形成了事实上的三层，但因为周鸿祎是自然人，众信投资和众信合伙企业是企业，因此仍是双层企业架构。

但周鸿祎对三六零公司的控制既有有限责任公司，也有有限合伙企业，还签署了表决权一致行动协议，这是非常成熟的混合股权架构，非常利于创始人／团队掌握核心企业控制权。

当然，三六零公司的股权架构模式并非最典型的混合股权架构，毕竟企业要根据实际情况而定。下面通过图示展现典型的混合股权架构，仅供参考（见图 9-1）。

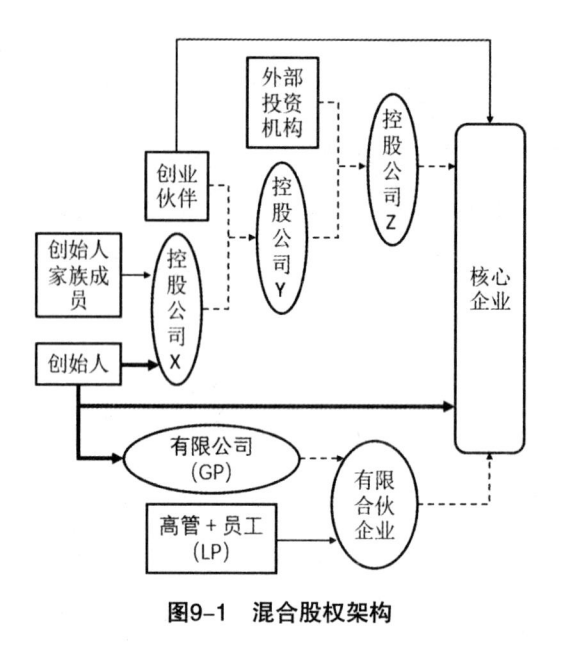

图9-1 混合股权架构

工会持股模式

借助企业工会代为持有股份，就是借助企业性质的"员工持股会"为部分股东掌管其所拥有的实股与虚股的除分红权以外的权利。

华为技术有限公司（下称"华为公司"）从 1990 年发起员工持股，员工最初以每股 1 元参股，以税后利润 15% 作为分红。

1997 年 6 月进行股权结构改制，将员工所持股份分别由两家公司工会集中托管，并代行股东表决权。三个股东是华为技术有限公司工会委员会（下称"华为公司工会"）、华为新技术公司、华为新技术公司工会委员会（下称"华为新技术公司工会"），分别持有华为公司 61.86%、5.05%、33.09% 的股份。

1999 年 6 月再次进行股权结构调整，华为公司工会以现金形式收购了华为新技术公司持有华为公司的全部股权，同时收购了华为新技术公司工会持有华为公司 21.24% 的股权。至此，华为公司的股东变成两家工会，分别是华为公司工会持股 88.15%，华为新技术公司工会持股 11.85%。员工不再直接持有公司股权，全部变成虚拟持股。

2000 年 12 月，华为新技术公司工会持有的 11.85% 的股权并入华为公司工会，任正非持有的 1.1% 股份单独剥离，至此华为公司在工商行政管理局注册的两个股东为华为公司工会和任正非，任正非独立股东的地位得到明确。

2001 年，深圳市政府颁布了新的《深圳市公司内部员工持股规定》，规定"员工持股会"负责员工股份托管和日常运作，以社团法人登记为公司股东。同年 7 月，华为公司通过了股票期权计划，推出了《华为技术有限公司虚拟股票期权计划暂行管理办法》，华为公司员工所持有的原股票被逐步消化吸收并转化成虚拟股。

2003 年，华为投资控股有限公司（下称"华为控股"）成立，任正非持股 1.07%，其余为华为投资控股有限公司工会委员会（下称"华为控股工会"）持有。华为公司原有的内部员工持股、期权激励都被平移至华为控股平台——即华为控股工会。

华为控股每年增资扩股，由实体股东按当年每股净资产价格增加出资，再将等比例虚拟股出售给员工。员工签署合同后交回公司保管，没有副本，没有持股凭证，每个员工有一个内部账号，可以查询自己的持股数量。

时至今日，任正非在华为公司的持股比例仅为 0.94%，仅凭这一点股份如何实现对公司的控制呢？

华为的最上层是华为控股，有两位股东——任正非（股权比例 0.94%）

和华为控股工会（股权比例 99.06%）。具体股权结构为（见图 9-2）：

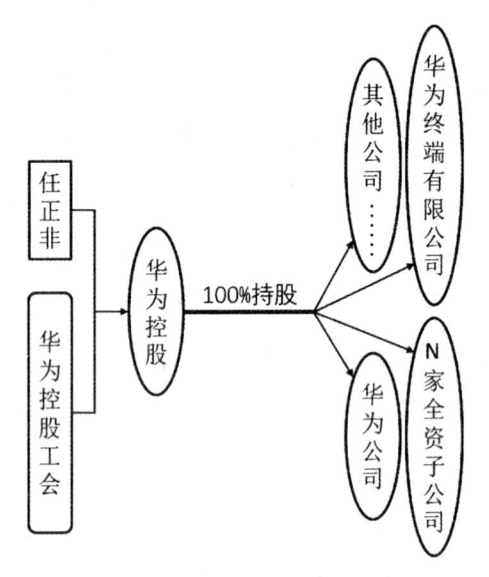

图9-2 华为股权结构

任正非对华为的控制体现在两个层面：

1. 股东会层面

华为控股工会持有华为控股 99.06% 的股权，可以作为同等股权的代表行使表决权。既可以由工会章程规定，也可以由工会通过协议或委托书指定任正非或其他人作为工会代表，代为行使工会持股的 99.06% 的股东表决权。

通过查阅资料发现，华为控股多次重要股东会会议只有任正非和孙亚芳（时任华为控股董事长）两人，外界由此猜测，孙亚芳是工会代表。如果任正非不是工会代表，他的股权只有 0.94%，相对于工会 99.06% 的股权显得微不足道，那么如何保证任正非的控制权？

按《公司法》第四十二条规定："股东会会议由股东按照出资比例行使表决权；但是，公司章程另有规定的除外。"即有限责任公司可通过公司章程设置同股不同权，华为控股可以通过公司章程规定任正非有特别权利。比如，规定任正非0.94%的股权拥有90%的表决权，工会99.06%的股权拥有10%的表决权。也可以直接在公司章程中规定，任正非对股东会决议有一票否决权。

2.董事会层面

彼时，华为控股董事长是孙亚芳，任正非等四人为副董事长，另有十位董事，共计15位董事。网上资料显示，华为控股工会每五年通过投票选出51位代表，再由这些代表选出董事和监事。

因为华为控股是有限责任公司，通过公司章程的设计就可以实现任正非对董事会的一票否决权。现在可以肯定的是，任正非对于公司重大决策保有一票否决权。

此外还需了解一点，就是华为公司这种股权架构是否可以上市？证监会法律部〔2000〕24号《关于职工持股会即工会能否作为上市公司股东的复函》：

"根据《社会团队登记管理条例》和民办函〔2000〕110号《关于暂停对企业内部职工持股会进行社团法人登记的函》的精神，职工持股会将不再具有法人资格，不能成为公司的股东。因此，我会也暂不受理工会作为股东或发起人的公司公开发行股票的申请。"

证监会法协字〔2000〕第115号《关于职工持股会及工会持股有关问题的法律意见》：

"为防止借职工持股会及工会变相发行内部职工股，甚至演变成公开发行前的私募行为，且民政部不再受理职工持股会的社团法人登记，职工持股会不再具备成为上市公司股东和发起人主体资格，停止审批职工持股会及工会作为发起人或股东的公司的发行申请。"

是否工会作为股东就一定无法通过上市审核呢？

2012年9月，证监会通过《非上市公众公司监督管理办法》，其中明确规定：股东人数超过200人的非上市公众公司，应该做到股权明晰、合法规范经营、公司治理机制健全、履行信息披露义务，符合条件的可申请在新三板挂牌或证交所上市。股东人数超过200人没在新三板挂牌，也没在证交所上市的，应当按相关要求规范后申请纳入非上市公众公司监管。

从2002年就开始谋求上市的创业板第一股——温氏食品集团股份有限公司（下称"温氏集团"）也实行全员持股，因工会代员工持股人数超过200人而上市受阻。

情况在2013年12月迎来转机，《非上市公众公司监督管理办法》再次修改，增加"本办法施行前股东人数超过200人的股份有限公司，符合条件的，可以申请在全国股转系统挂牌公开转让股票、首次公开发行并在证券交易所上市。"

2014年9月，温氏集团通过证监会审核，成为非上市公众公司，并于次年11月2日在深圳创业板实现整体上市。

对于任正非来说，上市并非他的心愿，他一直坚持"财散人聚"的理念，因此建立起广泛的利益分享机制：任正非只保留0.94%的股份，其他股份都是工会代员工持有，没有外部投资者，全部股权用于员工激励，可谓做到了"把股份分光，把公司做大"。

AB 股模式

AB 股模式又称"双层股权结构"，是一种通过分离现金流和控制权对企业实行有效控制的手段。通常分为 A 和 B 两个等级，不同等级具有不同表决权（仅限于投票权）。A 类股对应每股有 1 票投票权，B 类股对应每股有 N 票（通常为 10 票）投票权。A 类股一般为外部投资者持有，此类股东看好企业前景，甘愿牺牲一部分或全部表决权换取入股机会。B 类股一般由企业创始人/团队和管理层持有，通过少量控股达到多数控制投票权的目的。

H 作为 X 公司创始人，经过三轮融资后持股 45%，三位外部投资股东 I、J、K 分别持股 25%、20%、10%。

如果 X 公司采用常规股权制度，则 H 的控股占比未过半，对于公司在需要过半数股东同意的事项上没有决策权，对于需要经过三分之二股东同意的重大事项上更不具有决策权。

如果 X 公司采用 AB 股制度，对外部投资者 I、J、K 发行 A 类股票，创始人 H 和管理层持有 B 类股，规定 A 类股对应每股有 1 票投票权，B 类股对应每股有 10 票投票权。假设 X 公司的注册资本为 1000 万股，则 H 的投票权为 450 万股 ×10 票，I 的投票权为 250 万股 ×1 票，J 的投票权为 200 万股 ×1 票，K 的投票权为 100 万股 ×1 票。则 X 公司表决权比例为：H 占 89.11%，I 占 4.95%，J 占 3.96%，K 占 1.98%。

因此，AB股模式股权结构的好处是，即使创始人/团队失去了多数股权，但因掌握拥有更多投票权的B类股，可以继续掌控企业。但"同股不同权"仅适用于表决权，与股票的所有权、收益权、分红权不发生关系，每股的价值不变。

谷歌（Google）在上市前将股票切分为A、B两类，向所有外部投资人发行的均为A类股，每股对应1个投票权；谷歌创始人和高管持有B类股，每股对应10个投票权。谷歌的两位共同创始人拉里·佩奇和谢尔盖·布林，加上CEO埃里克·施密特，三人一共持有谷歌约三分之一的B类股，牢牢掌控企业决策权。

AB股模式除了可以保障控制权，还可以防止恶意并购。在这方面，国内最早实施AB股的百度深有体会。

早在2005年，谷歌便想占据中国市场，其策略是收购或控股百度。百度启动"牛卡计划"，将在美国股市新发行的股票设为A股，每股只有1票表决权；李彦宏及创始团队所持股份则为B股，每股享有10票表决权。在此模式下，只要李彦宏及创始团队所持股份占百度总股份的11.3%以上，谷歌就无法控制百度。

通常AB股模式中持有B类股的股东也掌握着一定数量的股权份额，以便更加有力地保障控制权。但也有一种超级AB股，即便持有B股非常稀少的情况下，仍然可以掌控企业。

2017年，巨人网络集团股份有限公司（下称"巨人网络"）通过借壳重庆新世纪游轮股份有限公司回归A股上市。巨人网络公告显示，公司与十家财团在境外成立阿尔法（Alpha）公司，用于收购以色列高科技公司Playtika。财团对阿尔法（Alpha）公司的持股比例为99.98%，巨人网络只通过巨人游戏（香港）公司（下称"巨人香港"）持股0.02%。

Playtika公司作为被收购方，管理团队希望收购方熟悉游戏行业，能够在未来经营管理中给予Playtika更多支持。而对阿尔法（Alpha）公司持股达99.98%的十家财团都不从事网络游戏业务，不具有游戏行业的经营管理经验，此一项不符合Playtika管理层的要求。

但是，对阿尔法（Alpha）公司持有0.02%股份的巨人网络是中国较早进入网络游戏领域的公司之一，取得了不俗的市场成绩和玩家口碑，奠定了网游行业的知名度。如果巨人网络和Playtika公司合作，势必能发挥协同效应，这一点符合Playtika管理层的选择标准。

Playtika管理层也考虑巨人网络的优势，但症结在于巨人网络只通过巨人香港在阿尔法（Alpha）公司持股0.02%，难以让人相信Playtika公司被收购后，可由巨人方主导经营。

为满足Playtika管理层的要求，阿尔法（Alpha）公司以收购方主体身份从公司章程及相关协议约定方面给予巨人网络特殊权利。除以下特别事项须经过半数股东（含巨人香港和其他十家财团）同意外，其他事项皆由巨人香港决定：

（1）与本次重大资产重组相关事宜以外的并购、合并，或公司分拆，或出售全部、绝大部分公司资产。

（2）与本次重大资产重组相关事宜以外的组织性文件的修正、修改、重述。

（3）与本次重大资产重组相关事宜以外的关于公司的清算、解散、停业、重组或类似安排。

通过这样的设计，巨人香港以极少量的持股得到了对阿尔法（Alpha）

公司大部分事项的决定权。Playtika 管理层也相信公司被收购后，是由熟悉网游行业的巨人方进行经营管理，同意就收购事宜进行谈判。

优先股模式

2013 年 11 月发布的《国务院关于开展优先股试点的指导意见》将在海外市场日趋成熟的证券品种——优先股引入我国，虽然仅为试点，但也是中国资本市场具有里程碑意义的大事件。

《国务院关于开展优先股试点的指导意见》第一条便对优先股进行定义："优先股是指依照公司法，在一般规定的普通种类股份之外，另行规定的其他种类股份，其股份持有人优先于普通股股东分配公司利润和剩余财产，但参与公司决策管理等权利受到限制。"

优先股股东以放弃部分表决权为代价，换取优于普通股股东分配企业利润和剩余财产的权利。

对于优先股的发行人范围，可参考《国务院关于开展优先股试点的指导意见》第八条之规定："公开发行优先股的发行人限于证监会规定的上市公司，非公开发行优先股的发行人限于上市公司（含注册地在境内的境外上市公司）和非上市公众公司。"

《国务院关于开展优先股试点的指导意见》第二条："优先分配利润。优先股股东按照约定的票面股息率，优先于普通股股东分配公司利润。公司应当以现金的形式向优先股股东支付股息，在完全支付约定的股息之前，不得向普通股股东分配利润。公司应当在公司章程中明确以下事项：（1）优先股股息率是采用固定股息率还是浮动股息率，并相应明确固定股息率水平或浮动股息率计算方法；（2）公司在有可分配税后利润的情况下是否必须分配利润；（3）如果公司因本会计年度可分配利润不足而未向优先股股东足额派发股息，差额部分是否累积到下一会计年度；（4）优先股股东按照约定的股息率分配股息后，是否有权同普通股股东一起参加剩余利润分配；（5）优先股利润分配涉及的其他事项。"

《国务院关于开展优先股试点的指导意见》第五条："表决权限制。除以下情况外，优先股股东不出席股东大会会议，所持股份没有表决权：（1）修改公司章程中与优先股相关的内容；（2）一次或累计减少公司注册资本超过百分之十；（3）公司合并、分立、解散或变更公司形式；（4）发行优先股；（5）公司章程规定的其他情形。上述事项的决议，除须经出席会议的普通股股东（含表决权恢复的优先股股东）所持表决权的三分之二以上通过之外，还须经出席会议的优先股股东（不含表决权恢复的优先股股东）所持表决权的三分之二以上通过。"

《国务院关于开展优先股试点的指导意见》第九条："发行条件。公司已发行的优先股不得超过公司普通股股份总数的百分之五十，且筹资金额不得超过发行前净资产的百分之五十，已回购、转换的优先股不纳入计算。公司公开发行优先股以及上市公司非公开发行优先股的其他条件适用证券法的规定。非上市公众公司非公开发行优先股的条件由证监会另行规定。"

《国务院关于开展优先股试点的指导意见》第十二条："信息披露。公司应当在发行文件中详尽说明优先股股东的权利义务，充分揭示风险。同时，应按规定真实、准确、完整、及时、公平地披露或者提供信息，不得有虚假记载、误导性陈述或重大遗漏。"

可见，相对于普通股而言，优先股只对特殊事项有投票权，对其他事项无投票权，但有固定的股息率，可优先分配利润。在国内A股上市也可以通过发行优先股的方式保留对公司的控制权。

中导光电设备股份有限公司（下称"中导光电"）成立于2006年，经过十年奋斗，于2016年10月12日在"新三板"挂牌。由于中导光电研发投入大，在挂牌前多次进行股权融资，挂牌时该公司股权结构为（见图9-3）：

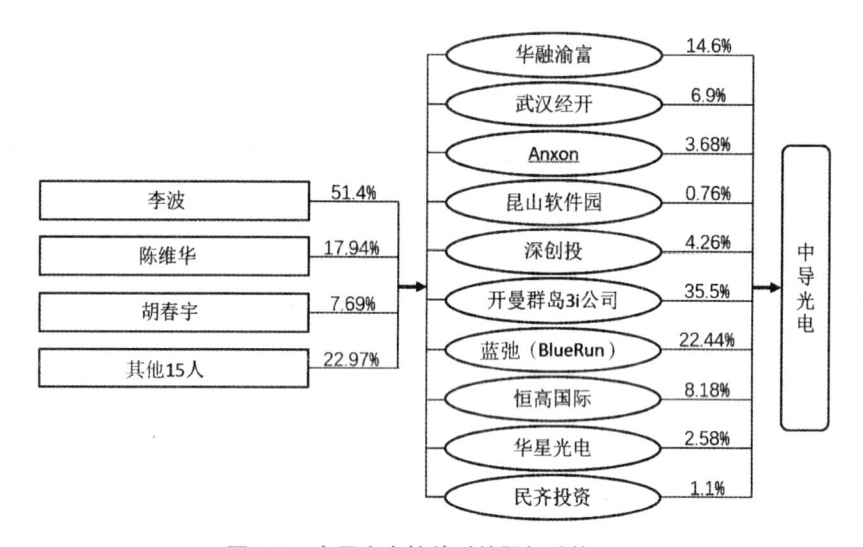

图9-3 中导光电挂牌时的股权结构

中导光电挂牌时，实际控制人李波、陈维华、胡春宇三人对中导光电的持股比例合计为27.34%，持股比例最高的李波仅间接持有中导光电18.24%的股权。如果后续再引入投资机构，实际控制人无法掌控公司的风险非常高。

于是，在 2017 年 5 月 26 日，中导光电发布《非公开发行优先股预案》，非公开发行 22 万股优先股，计划募集资金 2200 万元人民币。

中导光电的优先股股东将享有哪些优先权益呢？通过阅读此《非公开发行优先股预案》可获知：

1. 优先获得固定股息

此次发行的优先股采用固定利息率。优先股发行的票面利率为 1.00%。公司在依法弥补亏损、提取法定公积金后，依照本公司经审计的母公司报表在有可分配利润的情况下，可以向本次优先股股东配发股息。优先股股东按照约定的票面利率取得股息后，不再同普通股股东一起参加剩余利润的分配。

2. 回售权

优先股股东在优先股限售期届满后，有权向公司回售其所持有的优先股（包括所有递延支付的股息及其孳息）。累计未支付的股息的计算方式如下：

累计未支付的股息＝累计未支付的优先股股息＋累计未支付的优先股股息之孳息

其中：

（1）累计未支付的优先股股息＝本年度应支付的股息金额－本年度已支付的股息金额＋过往年度未支付的股息之和

（2）累计未支付的优先股股息之孳息＝累积未支付的股息 × 当期票面利率 ×（累计延迟支付自然天数 ÷365）

持股平台模式

自然人并不直接持股主体公司,而是通过一个平台间接持有主体公司的股权,这个间接平台就是持股平台。

一般而言,持股平台的设立主要是出于股权控制和股权管理的考虑。常见的持股平台模式有有限合伙、公司制(有限责任公司或股份有限公司);还可以是私募基金、信托计划、资管计划的形式(这三者亦被称为"三类股东",统称"契约制",公司上市前很少见)。本节重点介绍有限合伙和公司制。

将合伙企业和公司制进行列表比较,可以更直观地了解。其中合伙企业为有限合伙,公司制分为有限责任公司和股份有限公司(见表9-1)。

表9-1 不同持股平台对比

对比项	有限合伙	有限责任公司	股份有限公司
法律依据	《合伙企业法》	《公司法》	《公司法》
基础文件	合伙协议	公司章程	公司章程
人数限制	2~50人	1~50人	2~200人
税收情况	个人所得税	企业所得税、个人所得税	企业所得税、个人所得税
日常管理	执行事务合伙人	董事会或执行董事	董事会

1. 有限合伙持股平台

主体公司出资成立有限合伙企业,通过受让主体公司股东或对主体公司增资扩股,使该有限合伙企业成为主体公司的股东。合伙人可以通过签订合伙协议,约定普通合伙人和有限合伙人的行为,界定合伙人的权利和义务。

根据《合伙企业法》规定,有限合伙企业由普通合伙人执行合伙事务,有限合伙人不执行合伙事务,不得对外代表有限合伙企业。因此,主体公司创始股东(大股东)为实现对持股平台表决权的控制,通常担任有限合伙企业的普通合伙人,也可以由主体公司创始股东(大股东)授权代理人、高管或其他人担任普通合伙人执行合伙事务。

通过有限合伙企业作为员工持股平台,主体公司创始股东(大股东)只需要在持股平台持有少量的财产份额就能牢牢握紧控制权。当主体公司召开股东会或股东大会时,持股平台作为主体公司的股东之一,其投票权直接由创始股东(大股东)控制。

但由于普通合伙人需要承担无限连带责任,所以采用规避操作也成为常见方式,即主体公司创始股东(大股东)设立一个有限责任公司作为持股平台的普通合伙人。

2. 公司形式持股平台

主体公司创始股东(大股东)通过出资设立特殊目的公司(一般为有限责任公司或股份有限公司),通过受让主体公司原股东股权或对拟上市公司增资扩股,使该特殊目的公司成为拟上市公司的股东。

成立特殊目的公司持股平台比有限合伙企业持股平台的法律风险要低,但税务方面要同时征收公司所得税和个人所得税,因此特殊目的公司本身需要一定的运营管理成本,这些成本将拉低持股平台股东的收益。

有限责任公司或股份有限公司作为主体公司的持股平台,其股东可以依据《公司法》和平台公司章程的规定在平台公司行使股东权利。但因平台公司股东不是主体公司的直接股东，因而无权参与主体公司的股东会或股东大会，也无权直接在主体公司行使股东权利。

平台公司作为主体公司的股东，根据合伙企业法和有限合伙协议的规定取得财产份额的收益权，不能管理合伙事务，合伙事务由普通合伙人管理。因此，平台公司股东可共享主体公司的利润与收益，但对主体公司的股东会或股东大会没有影响。

主体公司创始股东（大股东）一般也是平台公司控股股东，并担任董事长或总经理。也可以由主体公司创始股东（大股东）授权代理人、高管或其他人担任平台公司法定代表人，以确保平台公司稳定可控。在主体公司召开股东会或股东大会时，平台公司作为主体公司的股东之一，其股份所对应的表决权便由主体公司创始股东（大股东）掌控了。

下面以具体案例的形式，看看持股平台模式是如何运作的。

张勇、施永宏、李海燕、舒萍是四川海底捞餐饮股份有限公司（下称"海底捞"）的初创人，四人各占公司25%股权。后来，四人结成了两对夫妻，张勇夫妇和施永宏夫妇各占公司50%股权。

时间到了2004年，为摆脱家族式管理对公司发展的限制，张勇先让自己的太太离开公司，随后又让施永宏的太太离开公司。2007年，张勇让施永宏也离开了海底捞，并以13年前原始出资额的价格从施永宏夫妻手中购买了18%的股权。自此，张勇夫妇持有海底捞68%的股权，成为绝对控股股东。

在持股方式上，张勇采用了有限责任公司持股平台模式，成立简阳市静远投资有限公司（下称"静远投资"），将四人所持海底捞股份的一半通过静远投资代持，而静远投资的控制人是张勇（见图 9-4）。

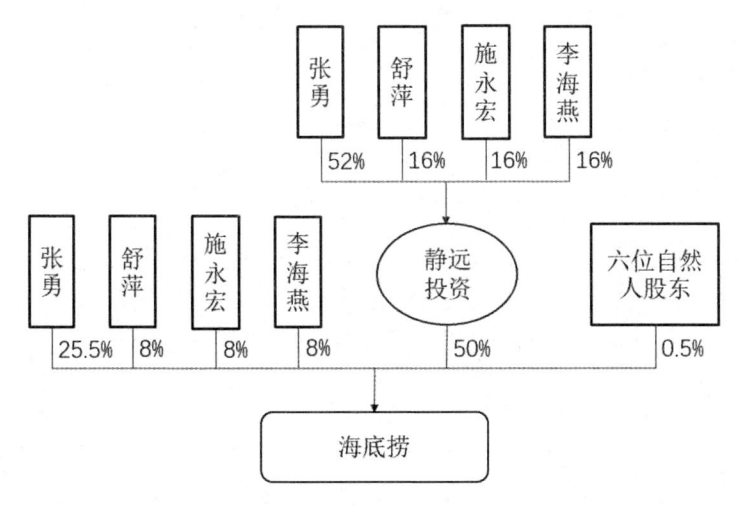

图9-4　海底捞通过有限责任公司的持股平台模式掌握控制权

张勇通过直接控制静远投资，加上个人直接持有的海底捞股权，间接控制了海底捞 76% 的股权，夫妻二人更是控制了海底捞 84% 的股权份额。

截至 2018 年海底捞上市，其主体公司为在开曼群岛注册成立的海底捞国际控股有限公司，张勇夫妇直接 + 间接持股 62.7%，控制了海底捞 74.58% 的股份。

因为有限责任公司具有法人资格，能够独立进行民事行为，便于资本运作。静远投资虽然对内是持股平台，但对外则能更多参与投资，与投资标的公司（海底捞）可以相互进行资本运作。

第十章
股权控制的底层支撑

因为围绕股权总会衍生出种种危机,因此股权架构被看作"悬崖上开出的花",美到摄人心魄,却又时刻让人战战兢兢。想让股权架构之花长久绽放,需要为悬崖垫起最稳固的支撑,也就是要使企业的股东会、董事会、监事会和经理层足够坚固,做股权架构的坚强后盾。

股东会和股东大会的职责与运作机制

股东会和股东大会都是企业的最高组织机构，它们的职能、功能也基本相同。股东会是有限责任公司的最高权力机构，股东大会是股份有限公司的最高组织机构。

1. 股东会职权

有限责任公司的股东人数较少，其全部股东召开的会议称为股东会。对于股东会的职权，《公司法》进行了相关规定。

《公司法》第三十七条："股东会行使下列职权：（一）决定公司的经营方针和投资计划；（二）选举和更换非由职工代表担任的董事、监事，决定有关董事、监事的报酬事项；（三）审议批准董事会的报告；（四）审议批准监事会或者监事的报告；（五）审议批准公司的年度财务预算方案、决算方案；（六）审议批准公司的利润分配方案和弥补亏损方案；（七）对公司增加或者减少注册资本作出决议；（八）对发行公司债券作出决议；（九）对公司合并、分立、解散、清算或者变更公司形式作出决议；（十）修改公司章程；（十一）公司章程规定的其他职权。

"对前款所列事项股东以书面形式一致表示同意的，可以不召开股东会会议，直接作出决定，并由全体股东在决定文件上签名、盖章。"

2. 股东大会职权

股份有限公司的股东人数比有限责任公司要多（最多200人），全体股东召开的会议称为股东大会。

股份有限公司不是每一位股东都会参与到企业的经营决策中，因此采取所有权与经营权分离的方式，由董事会作为企业的经营决策机构，负责企业的经营管理。虽然大部分股东并不直接参与企业管理，但作为股东对企业享有最终所有权，因此可以通过一定机制行使其权力，这就是股东大会形成的原因。对于股东大会的职权，《公司法》也进行了相关规定。

《公司法》第九十九条："本法第三十七条第一款关于有限责任公司股东会职权的规定，适用于股份有限公司股东大会。"

《公司法》第一百条："股东大会应当每年召开一次年会。有下列情形之一的，应当在两个月内召开临时股东大会：（一）董事人数不足本法规定人数或者公司章程所定人数的三分之二时；（二）公司未弥补的亏损达实收股本总额三分之一时；（三）单独或者合计持有公司百分之十以上股份的股东请求时；（四）董事会认为必要时；（五）监事会提议召开时；（六）公司章程规定的其他情形。"

根据《上市公司章程指引》的有关要求，上市公司股东大会还有以下职权：

（1）对公司聘用、解聘会计师事务所做出决议。

（2）审议公司一年内购买、出售重大资产超过公司最近一期经审计总资产30%的事项。

（3）审议批准变更募集资金用途事项。

（4）审议股权激励计划。

（5）审议批准如下对外担保行为：①本公司及本公司控股子公司的对

外担保总额，达到或超过最近一期经审计净资产的 50% 以后提供的任何担保；②公司的对外担保总额，达到或超过最近一期经审计总资产的 30% 以后提供的任何担保；③为资产负债率超过 70% 的担保对象提供的担保；④单笔担保额超过最近一期经审计净资产 10% 的担保；⑤对股东、实际控制人及其关联方提供的担保。

最后强调一点：无论是股东会，还是股东大会，在行使增资或减资，修改公司章程，合并、分立、解散、清算、变更公司形式的权利时，必须遵守法律强制规定的达到三分之二表决权方可通过。

董事会和执行董事的职责与运作机制

董事会是由董事组成的，由股东（大）会选举而成，对内掌管企业事务，对外代表企业执行经营决策。

公司设立董事会，具体职权范围，《公司法》第四十六条明确规定："董事会对股东会负责，行使下列职权：（一）召集股东会会议，并向股东会报告工作；（二）执行股东会的决议；（三）决定公司的经营计划和投资方案；（四）制订公司的年度财务预算方案、决算方案；（五）制订公司的利润分配方案和弥补亏损方案；（六）制订公司增加或者减少注册资本以及发行公司债券的方案；（七）制订公司合并、分立、解散或者变更公司形式的方案；（八）决定公司内部管理机构的设置；（九）决定聘任或者解聘公司经理及其报酬事项，并根据经理的提名决定聘任或者解聘公司副经理、财务负责人及其报酬事项；（十）制定公司的基本管理制度；（十一）公司章程规定的其他职权。"

为了更好地理解，我们结合实际工作将董事会的具体职权通俗地进行归纳（包括但不限于如下职权）：

（1）召集、执行股东会议，并向股东会或股东大会作报告。

（2）形成董事会决议。

（3）提交董事会报告。

（4）决策经营计划和投资方案。

（5）制定年度预算、年度决算方案；审阅经理或总经理提交的年度预算、年度决算方案。

（6）制定增资、减资方案；审阅经理或总经理提交的增资、减资方案。

（7）制定利润分配、弥补亏损方案；审阅经理或总经理提交的利润分配、弥补亏损方案。

（8）制定发行债券方案。

（9）任命总经理。

（10）根据总经理提名任命副总经理和财务负责人。

（11）制定并审议通过基本管理制度。

（12）决定管理机构设置。

（13）制定合并、分立、解散、清算、变更公司形式的方案。

董事任期由公司章程规定，但每届任期不得超过三年。董事任期届满，连选可以连任。董事任期届满未及时改选或者董事在任期内辞职，导致董事会成员低于法定人数的，在改选出的董事就任前，原董事仍应依照法律、行政法规和公司章程的规定履行董事职务。

此外，还有执行董事与非执行董事的区别，两者是相对的。执行董事也称"积极董事"，作为董事参与企业经营，在董事会内部接受委任担当具体岗位职务，并就该职务负有专业责任。非执行董事也称"外部董事"，是除了董事身份外与企业没有任何其他契约关系的董事。

《公司法》第五十条："股东人数较少或者规模较小的有限责任公司，可以设一名执行董事，不设董事会。执行董事可以兼任公司经理。执行董事的职权由公司章程规定。"

因此，在规模较小的有限责任公司不设立董事会的情况下，设立的负责企业经营管理的职务，就是执行的董事。如果企业设立执行董事，可以在公司章程中规定由该执行董事担任企业法定代表人。

监事会的职责与运作机制

监事会是由股东（大）会选举的监事，以及由职工通过职工代表大会、职工大会或者其他形式民主选出的监事共同组成的，是对企业的业务活动进行监督和检查的法定必设机构。其中，职工代表比例不得低于1/3，具体比例由公司章程规定。

监事的任期每届三年。监事任期届满，连选可以连任。监事任期届满未及时改选或者监事在任期内辞职，导致监事会成员低于法定人数的，在改选出的监事就任前，原监事仍应依照法律、行政法规和公司章程的规定履行监事职务。

设立监事会的根本目的是防止董事会、经理滥用职权，损害企业和其他股东利益。关于有限责任公司和股份有限公司设监事会的法律规定可分别参考《公司法》第五十一条和第一百一十七条。

《公司法》第五十一条："有限责任公司设监事会，其成员不得少于三人。股东人数较少或者规模较小的有限责任公司，可以设一至二名监事，不设监事会。监事会应当包括股东代表和适当比例的公司职工代表，其中职工代表的比例不得低于三分之一，具体比例由公司章程规定。监事会中的职工代表由公司职工通过职工代表大会、职工大会或者其他形式民主选举产生。监事会设主席一人，由全体监事过半数选举产生。监事会主席召集和主持监事会会议；监事会主席不能履行职务或者不履行职务的，由半数以上监事共同推举一名监事召集和主持监事会会议。董事、高级管理人员不得兼任监事。"

《公司法》第一百一十七条："股份有限公司设监事会，其成员不得少于三人。监事会应当包括股东代表和适当比例的公司职工代表，其中职工代表的比例不得低于三分之一，具体比例由公司章程规定。监事会中的职工代表由公司职工通过职工代表大会、职工大会或者其他形式民主选举产生。监事会设主席一人，可以设副主席。监事会主席和副主席由全体监事过半数选举产生。监事会主席召集和主持监事会会议；监事会主席不能履行职务或者不履行职务的，由监事会副主席召集和主持监事会会议；监事会副主席不能履行职务或者不履行职务的，由半数以上监事共同推举一名监事召集和主持监事会会议。董事、高级管理人员不得兼任监事。本法第五十二条关于有限责任公司监事任期的规定，适用于股份有限公司监事。"

关于监事会和监事的职权在《公司法》中进行了相应规定：

《公司法》第五十三条："监事会、不设监事会的公司的监事行使下列职权：（一）检查公司财务；（二）对董事、高级管理人员执行公司职务的行为进行监督，对违反法律、行政法规、公司章程或者股东会决议的董事、高级管理人员提出罢免的建议；（三）当董事、高级管理人员的行为损害公司的利益时，要求董事、高级管理人员予以纠正；（四）提议召开临时股东会会议，在董事会不履行本法规定的召集和主持股东会会议职责时召集和主持股东会会议；（五）向股东会会议提出提案；（六）依照本法第一百五十一条的规定，对董事、高级管理人员提起诉讼；（七）公司章程规定的其他职权。"

《公司法》第五十四条："监事可以列席董事会会议，并对董事会决议事项提出质询或者建议。监事会、不设监事会的公司的监事发现公司经营情况异常，可以进行调查；必要时，可以聘请会计师事务所等协助其工作，费用由公司承担。"

《公司法》第一百一十八条："本法第五十三条、第五十四条关于有限责任公司监事会职权的规定，适用于股份有限公司监事会。监事会行使职权所必需的费用，由公司承担。"

《公司法》第一百五十一条："董事、高级管理人员有本法第一百四十九条规定的情形的，有限责任公司的股东、股份有限公司连续一百八十日以上单独或者合计持有公司百分之一以上股份的股东，可以书面请求监事会或者不设监事会的有限责任公司的监事向人民法院提起诉讼；监事有本法第一百四十九条规定的情形的，前述股东可以书面请求董事会或者不设董事会的有限责任公司的执行董事向人民法院提起诉讼。

"监事会、不设监事会的有限责任公司的监事,或者董事会、执行董事收到前款规定的股东书面请求后拒绝提起诉讼,或者自收到请求之日起三十日内未提起诉讼,或者情况紧急、不立即提起诉讼将会使公司利益受到难以弥补的损害的,前款规定的股东有权为了公司的利益以自己的名义直接向人民法院提起诉讼。

"他人侵犯公司合法权益,给公司造成损失的,本条第一款规定的股东可以依照前两款的规定向人民法院提起诉讼。"

《公司法》第一百四十九条:"董事、监事、高级管理人员执行公司职务时违反法律、行政法规或者公司章程的规定,给公司造成损失的,应当承担赔偿责任。"

经理和总经理的职责与运作机制

《公司法》第四十九条:"有限责任公司可以设经理,由董事会决定聘任或者解聘。经理对董事会负责,行使下列职权:(一)主持公司的生产经营管理工作,组织实施董事会决议;(二)组织实施公司年度经营计划和投资方案;(三)拟订公司内部管理机构设置方案;(四)拟订公司的基本管理制度;(五)制定公司的具体规章;(六)提请聘任或者解聘公司副经理、财务负责人;(七)决定聘任或者解聘除应由董事会决定聘任或者解聘以外的负责管理人员;(八)董事会授予的其他职权。公司章程对经理职权另有规定的,从其规定。经理列席董事会会议。"

《公司法》对于经理的职权并无"必须"之类的强制性规定，可根据需要对股东（大）会、董事会、（总）经理间的职权进行调整，并在公司章程中进行明确规定。还可通过约定管理层人员的产生规则，从而间接控制管理层。

（总）经理的直接上级是董事会，直接下级是各中层管理人员。虽然《公司法》第四十九条进行了规定，但该职业具体到企业经营管理中还有很详细的权限和职责：

1. 权限

（1）有权批准建立、改进企业经营管理体系，决定企业内部组织结构的设置，并对基本管理制度的制定进行审批。

（2）有权拟订年度财务预算方案、年度财务决算方案、利润分配方案和弥补亏损方案。

（3）有权对上报董事会的财务决算报告和盈利预测报告进行审批。

（4）有权对企业职能部门的各种费用支出和各分厂或分公司的固定资产购置进行审批。

（5）有权对企业年度总的质量、生产、经营、方针、目标进行审批。

（6）有权向董事会提请聘任或解聘副总经理、总会计师及其他高级管理人员。

（7）有权聘任或解聘除董事会任免以外的企业管理人员。

（8）有权对企业重大技术改造和项目投资提出建议。

2. 职责

（1）向董事会负责，组织实施董事会的决议和规定，根据董事会下达的各项指标确定企业经营方针，并将实施情况向董事会汇报。

（2）主持企业日常各项经营管理工作，签署日常行政、业务文件，保证企业经营运作的合法性。

（3）组织实施企业年度经营计划和投资方案，并为此提供足够的资源。

（4）召集和主持总经理办公会议，协调、检查和督促各部的工作。

（5）根据市场变化，不断适时调整企业经营方向。

（6）代表企业对外处理业务。

（7）负责企业组织结构的调整。

（8）负责企业信息管理系统的建立及信息资源的配置。

（9）负责企业人力资源的开发、管理和提高。

（10）负责企业安全工作的完善。

（11）负责组织完成董事会下达的其他临时性、阶段性工作和任务。

（12）负责倡导企业文化和经营理念，塑造企业形象。

总之，虽然（总）经理的权力在股东会和董事会之下，但是日常对战略实施和业务管理、机构管理、人事管理、制度管理、机制设置有较高的权力，对企业发展有重要影响。

第十一章
股权大战的场景演绎

在资本时代，股权战争几乎每天都在上演。但无论企业的体量如何，只要染上了"股权病"，都会陷入巨大危机中。防患于未然永远优于临渴而掘井，本章的场景演绎不仅是实例说明，更是对创业者的警示。

增资扩股与股权对外转让的差异

贵州泰邦生物制品有限公司（下称"泰邦生物"）成立之后经过多次股权变更，至2007年股权结构为：贵阳大林生物技术有限公司（下称"大林生物"）持股54%，贵州益康制药有限公司（下称"益康制药"）持股19%，深圳市亿工盛达科技有限公司（下称"亿工盛达"）持股18%，贵州捷安投资有限公司（下称"捷安投资"）持股9%。各股东已实缴出资。

泰邦生物公司章程规定：股东对公司增加或者减少注册资金、分立、合并、解散或者变更公司形式作出决议，必须经过代表三分之二以上表决权的股东通过。但对公司增资时的优先认缴问题未作规定。

2007年4月18日和4月20日，泰邦生物先后召开两次股东会，就增资扩股、改制上市等相关事宜进行磋商，但股东间未能达成一致意见。

同年5月28日，泰邦生物再次召开临时股东会，对拟引入战略投资者事宜进行讨论和表决，计划按每股2.8元溢价私募资金2000万股，会议表决情况如下：

（1）大林生物、益康制药、亿工盛达三家持股比例共计91%的股东赞成引入战略投资者，并同意按持股比例减持；持股比例9%的捷安投资反对引入战略投资者。

（2）四家股东一致同意捷安投资按持股比例的9%和本次私募方案的价格增资180万股，增资后持股比例仍为9%。

捷安投资在签字时特别注明"同意增资扩股，但不同意引入战略投资者"。其后，捷安投资按时缴纳了持股9%的增资款，并要求对其他股东放弃的认缴份额行使优先认购权，但其他股东均表示反对。

捷安投资向法院起诉，请求确认：在大林生物、益康制药、亿工盛达均已放弃新股认购权（总计1820万股）后，捷安投资对泰邦生物增资扩股部分的1820万股新股享有优先认购权，并给出三点理由：

（1）根据《中华人民共和国公司法》第七十一条第三款规定："经股东同意转让的股权，在同等条件下，其他股东有优先购买权。两个以上股东主张行使优先购买权的，协商确定各自的购买比例；协商不成的，按照转让时各自的出资比例行使优先购买权。"无论是通过增资扩股的方式或者是通过股权转让的方式吸收新股东加入，都应当首先赋予公司原有股东优先选择权。

（2）增资扩股会引发公司股权结构变化，应当优先考虑对原股东利益的维护，既包括对原有控制权的维护，也包括对新晋控制权的优先取得。

（3）对于泰邦生物的新增股份，其他股东既不认购也不允许本公司其他股东认购，以引进战略投资者名义限制原有股东认购新增股份，使得公司控制权可能让位于原股东之外的第三人，难以维护原股东的自由选择权，也不符合有限责任公司人合性的特点。

此案经由贵州省高级法院一审和最高法院终审与再审，才终于尘埃落定。三次审理法院都不支持超比例优先认购权，因此捷安投资三诉连败。

本案的争议核心是：当部分股东欲将其可优先认缴的份额让与外来投

资者时，其他股东是否享有优先认购权？

对于增值扩股的规定，《公司法》进行过两次相关修改。2004年修订的《公司法》规定"公司新增资本时，股东可以优先认缴出资"，给了股东对其他股东放弃的优先认缴出资份额的优先认购权。而现行《公司法》第三十四条修改为"公司新增资本时，股东有权优先按照实缴的出资比例认缴出资"，对股东行使增资优先认购权范围进行了压缩。

法院认为，优先认购权对其相对人的权利影响甚巨，必须基于法律明确规定或公司章程规定才能享有。而且增资的优先认缴权与股东对外转让股权不同：

（1）股权转让后公司资本金不变，转让的资金由出让方股东受领。股权转让通常与公司的战略性发展无实质联系，因此要突出保护有限责任公司的人合性。

（2）增资扩股后公司资本金增加，所增资金不归属任一股东，而全部用于公司发展。增资扩股引入新的投资者通常有利于公司发展，当公司发展与公司人合性发生冲突时，应当突出保护公司的发展机会。如果仍基于保护公司人合性而赋予某一股东优先认购权，则该优先权行使的结果可能会削弱其他股东特别是控股股东对公司的控制力。

因此，涉及公司增资扩股时，不能援引《公司法》关于股权转让的规定来解释优先认购权问题。捷安投资要求按照"股东对其他股东对外转让股权有优先购买权"的规则，优先认购其他股东放弃的增资份额，等于混淆了对外股权转让与增资扩股的含义。

法院同时认为，泰邦生物此次增资扩股是有特定目的和条件的。条件是：大林生物、益康制药、亿工盛达按各自股权比例减持，并放弃认缴新增资本；目的是引进战略投资者，确保公司顺利完成改制和上市。

法院判决：此次增资扩股决议获得91%表决权的股东同意通过，符合法律和公司章程规定。因此，该股东会会议增资扩股及引入战略投资者的决议有效，各股东应按照股东会决议内容执行，捷安投资对其他股东放弃的新增出资份额没有优先认购权。

股权协议的关键条款

成熟的企业，对于控制权的设定和利益分配的切割从来都不是简单地按照股权比例进行，而要进行更符合现实的设计，对比通常要在股权协议中进行明确约定。因此，企业对股权协议的制定非常重视，其中的条款要进行详细斟酌。

2012年在A股上市的沈阳远大智能工业集团股份有限公司（下称"远大智能"）在A股上市前引入两家投资者——香港恒成国际投资有限公司（下称"恒成国际"）和凡高资本香港有限公司（下称"凡高资本"），公司原有股东——沈阳远大铝业集团有限公司、远大铝业工程（新加坡）有限公司、沈阳福康投资有限公司、沈阳卓辉投资有限公司共同与远大智能董事长康某、恒成国际和凡高资本签署了《投资协议》，协议中有如下约定：

（1）两家投资者共投资9200万元，合占11.06%的股份。

（2）在公司上市以前，公司董事会和监事会成员（除职工董事、职工监事外）的报酬事项和利润分配事项，需经过出席股东大会的股东所持表决权的 90% 以上通过。

如此约定意味着恒成国际＋凡高资本虽然合计只持股 11.06%，但对"公司董事会和监事会成员的报酬事项和利润分配事项"有一票否决权。若得不到他们其中一家的同意，将因不能满足 90% 表决权的条件而无法通过。

可见，与股权相关的协议内容的每一条都应做到可控，否则将对控股股东的经营管理形成阻碍。那么，可控性股权协议的制定有哪些必须重视的关键条款呢？下面列出一些常见的必须注意的事项，但这并非全部内容，具体情况要结合企业实际情况而定，必要时应聘请专业的法律人士协助。

1. 重大决策的制定

哪方控制了董事会，便拥有了对重大决策的制定权，等于对企业拥有控制权。大股东可以很容易做到控制董事会，小股东若不在股东协议中设定相关条款，则己方利益极可能受损，因此通常在协议中制定关于特定的、重大的决策需要全体股东或者至少满足 75% 以上表决权的股东同意通过。

2. 公司出资

股东认缴公司注册资本是企业成立的前提。在股东协议中要明确各股东认缴的注册资本金额、出资方式、出资时间及实际缴纳注册资本的时限，并且约定到期未能出资的违约责任和变通措施，如其份额可由其他股东代缴并取得相应股权，或者未出资不得参与利润分配等。

3. 表决权分配

表决权是股东参与企业事务管理与决策的主要途径。《公司法》规定股东可以在公司章程中约定表决权分配，该分配可以不同于认缴和实缴注册资本的比例，也可以不同于股权分配比例。按对企业的实际贡献确定表决权分配对于那些除了提供资金，还能给企业带来其他资源或具有更强经营管理能力的股东是合理且必要的。

4.利润分配

股东投资某企业的目的是获得利润，如没有特别约定，企业利润分配的比例应当与股权比例一致。但体现贡献值是更为合理的利润分配方式，对比可以在股权协议中明确约定和进行设计，将股东的管理能力、渠道资源等方面转化为具体数据参与利润分配，做出不同于股权比例的分配约定。

5.融资安排

融资涉及股东股比被稀释的问题，对比在股权协议中可约定股东股权稀释比例的范围或底线，以及创始股东在股权比例低于多少后可享有的特殊权利。

6.股权转让条款

股份有限公司的股权自由转让是一个外部性问题，外部性问题不能通过章程协议予以变更。

有限责任公司的股权转让应分两方面考虑：一是股东内部之间可以自由转让其部分或全部股份，《公司法》未对此加以限制；二是股东向股东以外的人转让股权须遵守《公司法》第七十一条的规定。

如果股东基于风险防范和股权结构的考虑，可以通过股权协议或公司章程限制企业内部股权转让的条件，如规定企业内部股权转让时其他股东可按持股比例行使优先购买权。

7. 股东身份继承

股权可以由股东的法定继承人继承，但基于有限责任公司的人合性，股东也可以通过股东协议和公司章程进行特别约定，如只能转让股权不能继承等。

8. 离婚导致股权分割

为避免股东离婚后股权被分割给前配偶，可在股权协议中设定买断条款，其他股东有权以某设定价格或浮动价格强制性买断判决给离婚股东前配偶的股份。

9. 股东个人重大意外

为防止股东因突发重大意外，如残疾、死亡，导致不能再履行企业经营管理职责，可对比在股权协议或公司章程中加以约定，以维护企业的经营管理正常进行及控制权正常交接。

总之，股东协议既是股东间有关共同出资创立企业并共同经营一项事业的民事合同，又是公司成立后如何经营管理、决策及利润分配等重要运营规则的基本依据，对于企业发展有极其重要的意义，拟订时务必全面、慎重。

上市企业股东间的权利规定

非上市企业可以通过股东协议或公司章程约定股东的特别权利。上市企业虽因涉及广大小股民的利益，需要更多地考虑公平性和社会公共利益，但仍可通过股东协议约定某些股东的特别权利。

已在 A 股上市的海航创新股份有限公司（下称"海航创新"），第一大股东为平湖九龙山海湾度假城休闲服务有限公司（下称"平湖九龙山"），持有海航创新 27.63% 的股份。

2011 年 3 月 17 日，平湖九龙山拟将所持有的海航创新 22.74% 的股份卖给海航置业控股（集团）有限公司（下称"海航置业"）和上海大新华实业有限公司（下称"大新华实业"）。平湖九龙山（甲方）与另外三个股东（乙方、丙方、丁方）共同作为出让方，海航置业（戊方）、大新华实业（己方）、海航集团有限公司（庚方）共同作为受让方，签订《股份协议转让的框架协议》，协议约定的主要内容如下：

（1）甲方出让海航创新 22.74% 的股份，其中戊方购入其中的 13.77%，己方购入其中的 8.97%。

（2）最晚在甲方收到股份出让款后，在戊方、己方、庚方主持下改选海航创新的董事会、监事会。

（3）改选的董事会，由受让方即戊方、己方、庚方推荐四名非独立董事候选人、两名独立董事候选人，由出让方中的甲方和乙方推荐另两名非独立董事候选人、一名独立董事候选人。其中，一方（出让方或受让方）推荐的董事候选人应事先向对方（受让方或出让方）征求意见。

（4）甲方和乙方推荐的董事应支持戊方推荐的董事出任董事长，并支持戊方向海航创新委派财务总监和人力资源总监。

（5）受让方（戊方、己方、庚方）出任的董事同意由甲方董事长 A 担任海航创新总经理，在协议约定的增值调整部分（如有）未结清之前，受让方不得免除 A 的总经理职务。

（6）受让方（戊方、己方、庚方）有权推荐监事长人选及主管工程质量、营销策划的副总裁。

协议签订后，相关各方并没有按协议履行，平湖九龙山在2014年1月向法院起诉，后在法院主持各方下签署了调解书。

2015年12月14日，海航创新召开董事会，共有九位董事出席（六名非独立董事+三名独立董事）。会议审议大新华实业（协议己方）提出的议案：即免去A和B董事职务，同时免去A副董事长职务，提名C与D为独立董事。表决结果为六人同意、两人反对、一人弃权，获得多数董事同意通过。

但平湖九龙山认为A、B是协议甲方和协议乙方推荐的董事，大新华实业提议更换董事不符合《股份协议转让的框架协议》中约定的"一方推荐的董事候选人应事先向对方征求意见"，因此平湖九龙山以"大新华实业提出的议案违反各方签订的《股份协议转让的框架协议》和法院主持下的民事调解书的内容"为根据，向法院起诉申请撤销上述董事会决议。

此时，海航创新董事长兼法定代表人已由受让方推荐的董事担任，他代表海航创新发表意见：首先，大新华实业持有海航创新3%以上的股份，符合《公司法》规定提出议案的条件；其次，海航创新不是《股份协议转让的框架协议》的签约主体，不受该协议书和法院调解书的约束。因此，上述任免董事的董事会决议，已经超过半数董事同意通过，符合《公司法》和公司章程的规定基于以上理由，海航创新不同意撤销上述董事会决议。

法院审理认为：

（1）《股份协议转让的框架协议》虽然不是海航创新的公司章程，但是签约各方是海航创新的股东，对签约各方都有约束力。大新华实业作为海航创新的股东又是签约方,应受到协议约束,而海航创新作为该协议所指向的标的公司,也应受协议的约束。

(2)协议约定,协议甲方和协议乙方可以共同推荐两名非独立董事候选人、一名独立董事候选人,且一方推荐的董事候选人应事先向对方征求意见。但大新华实业提议免去协议甲方和协议乙方推荐的两位董事并未征求出让方的意见,违反了《股份协议转让的框架协议》之约定。

最终法院判决:免去A和B董事职务的董事会决议因违反《股份协议转让的框架协议》的相关约定,故应予撤销。而免去A副董事长职务的决议不违反公司章程和《股份协议转让的框架协议》约定,不支持撤销。

小股东用公司章程否决股东会决议

企业控制权有这样一个共识:小股东是企业内的弱势群体,股东占股比越少,距离企业的经营权、管理权、决策权就越远。但这并非绝对的,股权在任何情况下都具有一定的权利,只要在相关协议和公司章程中进行设计,小股东一样可以拥有极大的权利,比如合理合法地否决股东会决议。

三亚保力房地产投资开发有限公司(下称"保力房地产")成立于2007年,注册资本2000万元,分别由海南天久置业有限公司(下称"天久置业")持股90%,宝恒投资有限公司(下称"宝恒投资")持股10%。

在双方共同设定的保力房地产公司章程(以下简称"章程")中有如下规定:

（1）章程第三条：保力房地产的注册资本为2000万元。公司增加或减少注册资本，必须召开股东会，由全体股东通过并做出决议。

（2）章程第八条：股东会议事项规则中规定，增加或减少注册资本，须由代表三分之二以上表决权的股东表决通过。

保力房地产在三亚投资开发"俄罗斯旅游度假城"项目，建筑面积达35.6万平方米。但双方合作多年摩擦不断，天久置业希望对"俄罗斯旅游度假城"项目进行分割处理。

保力房地产自2013年的多次股东会和董事会产生的决议均被宝恒投资向法院申请撤销。2014年3月，保力房地产又召开临时股东会，审议"俄罗斯旅游度假城"项目的分割建设方案，以及公司的增资方案和融资方案等。宝恒投资接到会议通知后表示，已向法院申请解散保力房地产，所以拒绝参加此次临时股东会。

2014年5月20日，在宝恒投资缺席的情况下，保力房地产再次召开股东会，决议将公司注册资本增加至1.2亿元，按比例天久置业增资9000万元、宝恒投资增资1000万元。

宝恒投资向法院起诉，请求撤销上述股东会决议。海南省高级人民法院二审审理认为：

（1）保力房地产公司章程第三条规定增加注册资本须全体股东表决通过，而第八条却规定三分之二以上表决权的股东通过即可，同一份公司章程两处存在矛盾。公司章程的第三条为有关公司注册资本的特别约定，第八条为公司股东会议事项规则的一般约定。在同一个公司章程中，特别约定应优先于一般约定，所以保力房地产股东会对增加或减少注册资本的决议，应按公司章程第三条规定进行，即须由全体股东表决通过。

（2）宝恒投资未出席此次临时股东会，也未行使表决权，仅由持股90%的天久置业单方面同意通过，没有满足公司章程规定的全体股东通过的规定。

最终，法院支持宝恒投资的请求，判决撤销上述临时股东会决议。

最后需强调一点，虽然可以通过公司章程的约定对小股东的权利进行保护，但小股东所占股比不能过于稀少。通过第二章的"了解股权结构的生命线"一节可知，个人能够拥有一定权利的最少股权占比为1%——代位诉讼权线。如果个人股权比例低于这条线，将很难对大股东形成制约。但是，如果N名股权占比很低的股东成为一致行动人，股权占比合计超过1%，可以联合行使权利，维护自身合法利益。

一票否决权该如何运用

2011年3月，A出资6万元，B出资4万元，成立老友计游戏开发公司（下称"老友计"），注册资本10万元，A是法定代表人。

同年6月，老友计获得北京奇虎科技有限公司（下称"奇虎科技"）350万元投资。奇虎科技与老友计、A和B共同签订了《投资协议书》，协议约定的主要内容如下：

（1）奇虎科技出资350万元认购老友计的新增注册资本，占增资后注册资本的38%，其中61290元进入注册资本，其余进入资本公积金。

（2）董事会成员为三名，奇虎科技有权委派一名董事，A和B有权委派两名董事。

（3）老友计不设监事会，由奇虎科技委派一名监事。

（4）奇虎科技对老友计从事以下行为享有一票否决权：

①公司的经营方针和投资计划，包括但不限于变更、调整、中止或终止主营业务方向。

②选举和更换非由职工代表担任的董事长、监事，决定有关董事长、监事的报酬事项。

③公司股权结构或公司形式发生变更，包括但不限于：公司的融资计划；重组、上市计划；对外投资、期权计划；公司及其子公司的收购、合并，变更注册资本或股本；以及任何股份的出售、转让、质押或股东以任何方式处置其持有的公司股权的部分或全部。

（5）任何一方违反协议约定，或未履行在本协议中的承诺、保证，或在本协议中的承诺、保证不真实，均属违约。

（6）一切通知或通信均应发往下列有关地址，除非接收方已提前七个工作日向对方发出书面通知更改地址。奇虎科技的地址：北京建国路×××号。除本协议另有规定外，任何面呈之通知在递交时均视为送达，任何以特快专递方式发出的通知在投邮后第三日（法定节假日除外）均视为送达，任何以传真方式发出的通知在成功发出时均视为送达。

应从两个方面分析这份《投资协议书》：经营方针和投资计划，选举和更换非职工监事、董事，决定监事、董事报酬等事项，是《公司法》规定的股东会权利，奇虎科技因持有老友计38%的股份，可以否决这类股东会职权事项；但对外出售、转让股权，公司合并、变更注册资本或公司形式等事项，《公司法》规定须经代表三分之二以上表决权的股东同意通过，奇虎科技可通过行使一票否决权从而影响股东会决议。

在签订《投资协议书》之后，老友计办理了工商变更登记手续，奇虎科技持股38%，A持股37.2%，B持股24.8%。同时公司章程规定：

（1）董事会的表决实行一人一票，对所议事项做出的决定须由半数以上的董事表决通过方为有效。

（2）以下事项的表决还需取得奇虎科技委派的董事的书面同意方能通过，根据协议添加至此处。（实际上双方并未进行添加。）

（3）股东向股东以外的人转让股权，应当经其他股东过半数同意。股东应就其股权转让事项书面通知其他股东征求同意，其他股东自接到书面通知之日起满三十日未答复的，视为同意转让。其他股东半数以上不同意转让的，不同意的股东应当购买该转让的股权；不购买的，视为同意转让。

之后，老友计开发的游戏在市场反响并不好，几乎没有利润，至2012年年底融资的钱全部用完，公司已无资金继续运营，也无钱发放员工工资。作为研发团队负责人的A决定转让出资，退出公司。

无关联人C认为老友计拥有相关游戏产品的知识产权，且有知名股东奇虎科技坐镇，可以借用老友计的资源进行项目开发运作，愿意购买A的出资。

2013年8月12日，A向另两位股东奇虎科技和B发出《股权转让通知书》，载明：本人拟将拥有的公司37.2%的股权以10万元的价格转让给C，请各股东自收到本通知书之日起三十日内给予书面答复，确定是否需要使用优先购买权以同等价格购买本人出让的股权，逾期未予答复的视为同意转让。

三十日满，奇虎科技和B均未向A作出书面回复。

2013年9月27日，A作为出让方与作为受让方的C签署《股权转让协议》，约定将A所持老友计37.2%的股权以10万元转让给C。C于第二天向A支付10万元股权转让款。但奇虎科技并不配合办理工商变更登记手续，C向法院提起诉讼，要求奇虎科技配合办理股权变更登记手续。

受让方C认为：

（1）《投资协议书》中关于"一票否决权"的内容未作为公司章程的内容加以确认，老友计公司章程中"根据协议添加至此处"仅为提示性约定，如不需添加则不再添加，最终签署的公司章程并未对该内容进行添加。所以，公司章程已对原《投资协议书》的约定进行了变更，"一票否决权"并不存在。

（2）就算"一票否决权"存在，也不属于董事会的职权范围，因此即使在公司章程中添加"一票否决权"也不应将其列为董事会的职权范围。

（3）在签订《股权转让协议》前，A已依据公司章程的约定发出通知，奇虎科技并未提出异议，也未在规定期限内行使优先购买权。所以，C已成功受让股权，奇虎科技应配合办理股权变更登记手续。

奇虎科技认为：

（1）奇虎科技对股东的股权转让拥有"一票否决权"。

（2）奇虎科技因办公地址变更，未收到A寄交的《股权转让通知书》，A并未履行法定通知义务。

（3）A发送通知仅征询对转让股权是否行使优先购买权，而未征询奇虎科技是否行使一票否决权。

一审法院针对奇虎科技是否拥有一票否决权和A寄交的《股权转让通知书》是否有效进行重点审理。法院认为：

（1）虽然《投资协议书》约定了奇虎科技对老友计在股权转让等重大事项上享有"一票否决权"，但该协议未在工商局备案。而后形成的公司章程已在工商局备案，章程中"根据协议添加至此处"实际并未添加，也无法说明是根据何协议，所以根据公司章程奇虎科技没有"一票否决权"。

（2）A寄交奇虎科技的《股权转让通知书》中已明确告知有关股权转让的事项，并给予三十日的异议期，而奇虎科技并未在异议期内提出任何异议，也未要求购买A拟转让的股权，应视为奇虎科技对此并无异议。虽然奇虎科技因地址变更未收到A寄交的《股权转让通知书》，但根据《投资协议书》约定，各方如遇通信地址变更，应提前七个工作日向对方发出书面通知，因此A不应承担《股权转让通知书》寄送未到的责任。A根据《投资协议书》中奇虎科技提供的通信地址向其寄交的《股权转让通知书》，应属有效。

所以，C受让A转让的股权合理合法，奇虎科技应配合办理工商变更登记手续。

奇虎科技不服一审判决，提起上诉，请求撤销C受让A的股权。二审法院于2014年6月判决驳回奇虎科技的上诉，维持一审判决。

二审法院围绕奇虎科技是否拥有一票否决权和一票否决权是否有效、A寄交的《股权转让通知书》是否有效和C受让股权是否合理，进行重点审理。二审法院认为：

（1）因各方在合作期间仅形成过《投资协议书》，并无其他协议，所以老友计公司章程中"根据协议添加至此处"应理解为将《投资协议书》的内容添加至该条款处，所以奇虎科技可按《投资协议书》约定对股东转让股权行使一票否决权。

（2）《公司法》第七十一条规定："公司章程对股权转让另有规定的，从其规定。"即有限责任公司的章程可以约定对股权转让的限制，所以老友计公司章程中对股权转让的一票否决权的特别规定不违反《公司法》的强制性规定，应属有效。所以，各方应遵守奇虎科技拥有一票否决权的约定。

（3）A在转让股权前已履行公司章程规定，提前三十日以书面形式向股东奇虎科技和B发出关于行使优先购买权的通知，奇虎科技因地址变更未收到A寄交的《股权转让通知书》，此责任一审时已明确，当由奇虎科技承担，应视为奇虎科技在知道A拟转让股权以及转让对象的情况下，未予回复，当属无异议。

（4）受让人C作为老友计外部人员，由于并不知晓《投资协议书》的内容，因此很难理解"根据协议添加至此处"的具体内容，也无证据证明C与A存在恶意串通的情形，故C与A的股权转让协议有效。

（5）如果奇虎科技对A转让股权只行使一票否决权而不购买，则A将始终被锁定在老友计，双方已产生矛盾，且老友计并非在正常运转的情况下，奇虎科技原本的投资目的也难以达到。

最终，二审法院虽然认可奇虎科技的一票否决权有效，但由于奇虎科技未在规定期限内行使此权利,所以没有支持奇虎科技的请求。

此案有两点需要注意:当股东的特权设计不违反法律强制性规定时,法院并不干预;当股东协议与公司章程的规定不一致时,法院判决以形成时间在后的为准。

结 语

股权架构是企业的骨架、脊柱，它决定了企业能长多大，走多远！

王吉